論語

논어 Ⅱ
따라쓰기

論語

논어 II
따라쓰기

공자 원저
시사정보연구원 지음

시사패스

손으로 쓰면서 마음에 새기는 인생 교과서
論語 논어 Ⅱ 따라쓰기

초판 발행   2016년 11월 25일

원저자   공자
지은이   시사정보연구원
발행인   권윤삼
발행처   도서출판 산수야

등록번호   제1-1515호
주소   서울시 마포구 월드컵로 165-4
우편번호   121-826
전화   02-332-9655
팩스   02-335-0674

ISBN 978-89-8097-396-5   14190
     978-89-8097-394-1   (전2권)

값은 뒤표지에 있습니다. 잘못된 책은 바꾸어 드립니다.

이 책의 모든 법적 권리는 도서출판 산수야에 있습니다.
저작권법에 의해 보호받는 저작물이므로
본사의 허락 없이 무단 전재, 복제, 전자출판 등을 금합니다.

머리말 ★

유가의 입문서이자 경전 중의 경전으로 일컫는
인생 교과서 『논어』

　『논어(論語)』는 공자와 그 제자들의 언행이 담긴 어록이다. 유가의 입문서이자 경전 중의 경전이라 일컬어지는 논어는 공자의 제자들에 의해 세상에 나온 이후부터 오늘날에 이르기까지 사람들이 애독하고 애장하는 책으로 존재하고 있다.

　공자는 어려서 밑바닥 삶을 겪으면서 성장하였기 때문에 일찍이 세상을 보는 지혜와 통찰력을 키울 수 있었다. 15세에 학문에 뜻을 두어 부지런히 이치를 탐구하고 실천에 힘써 20대에 이미 그 이름을 떨쳐 제자들이 따르게 되었으며, 위대한 성인으로 추앙받게 되었다.

　인(仁)의 실천에 바탕을 둔 개인적 인격의 완성과 예(禮)로 표현되는 사회질서의 확립을 강조한 공자는 도덕적 이상국가를 건설하려 하였다. 이처럼 철저한 현실주의를 바탕으로 한 공자의 사상은 실천을 전제로 한 도덕이 핵심을 이루고 있다. 공자는 현실정치를 원했지만 제후들의 선택을 받지 못해 늘 고독했고, 좌절을 맛보면서 지냈다. 정치세계에서 자신을 알아주지 않아도 공자는 굴하지 않았다. 옛 문헌들을 보면서 미래를 인지하고 제자들과 대화를 나누면서 자신의 세계를 설파하였던 것이다. 때로는 날카롭고, 때로는 격려하고, 때로는 자상하면서 한없이 소탈한 스승의 모습으로 제자들의 한마디 한마디에 귀를 기울였다.

『사서오경(四書五經)』 중 첫 번째 책으로 꼽히는 『논어(論語)』는 '배움'으로 시작해서 인이라는 주제를 논하고 있다. 『논어』는 매 편마다 첫 장의 처음 두 글자를 따서 편명으로 삼았다. 제1편 첫 구절이 '학이시습지(學而時習之)'이므로 「학이(學而)」를 편명으로 삼은 것이다. 총 20편으로 구성되어 있는 『논어』는 특히 제1편이 널리 알려져 있다.

　이 책은 논어의 주옥같은 명언들을 손으로 쓰면서 마음에 새길 수 있도록 따라쓰기 교재로 만들었기 때문에 쓰면서 외우고, 악필도 교정하는 일석이조의 효과를 얻을 수 있다. 손은 우리의 뇌와 밀접하게 연결되어 있다. 우리가 손으로 글씨를 쓰면 뇌를 자극하여 뇌 발달과 뇌 건강에 도움을 준다는 연구결과가 증명하듯 손글씨는 어린이와 어른을 아울러 주목받고 있는 분야이기도 하다. 글씨는 자신을 드러내는 거울이며 향기라고 성현들이 말했듯이 정성을 들여서 자신만의 필체를 갖도록 노력하는 것도 좋을 것이다.

　따라쓰기는 학습 효율을 높이는 방법으로도 각광받고 있다. 이 책은 학습 효율을 높이는 데 적합하도록 다양한 요소들을 배치하였다. 먼저 한자 원문을 읽은 후 한글 풀이를 학습하고, 한글 내용을 보면서 원문도 기억하며 학습한다. 이렇게 실천한 후 따라쓰기를 하도록 만들어 놓은 칸을 활용하여 원문과 한글을 손으로 적으면서 익힌다면 논어가 품고 있는 깊은 울림들을 수월하게 내 것으로 만들 수 있을 것이다.

　진시황의 분서갱유로 고난을 당하기도 했지만 시대를 초월하여 널리 사랑받고 있는 논어를 손으로 쓰면서 마음으로 익히는 경험을 독자에게 전하게 되어 기쁘다.

차례 ★

머리말 ……………………… 5

제11편 선진先進 ……………… 8

제12편 안연顏淵 ……………… 28

제13편 자로子路 ……………… 46

제14편 헌문憲問 ……………… 65

제15편 위령공衛靈公 …… 91

제16편 계씨季氏 ………… 109

제17편 양화陽貨 ………… 124

제18편 미자微子 ………… 143

제19편 자장子張 ………… 154

제20편 요왈堯曰 ………… 169

제11편

先進

선진

子曰 先進이 於禮樂에 野人也요
자왈 선진 어례악   야인야

後進이 於禮樂에 君子也라 하나니
후진   어례악   군자야

如用之則吾從先進하리라
어용지즉오종선진

공자께서 말씀하셨다.
"먼저 예악에 나아간 사람들은 시골 사람과 같고, 나중에 예악에 나아간 사람들은 군자답다. 만약 이들을 등용하라고 한다면 나는 먼저 나아간 자들을 쓰겠다."

子曰 從我於陳蔡者는 皆不及門也로다
자왈 종아어진채자 개불급문야

德行엔 顔淵閔子騫冉伯牛仲弓이요
덕행 안연민자건염백우중궁

言語엔 宰我子貢이요 政事엔 冉有季路요
언어 재아자공 정사 염유계로

文學엔 子游子夏니라
문학 자유자하

공자께서 말씀하셨다.
"진나라와 채나라에서 나를 따랐던 사람들이 지금은 다 내 문하에 있지 않구나. 덕행이 훌륭한 사람은 안연과 민자건과 염백우와 중궁이고, 언어에는 재아와 자공이 뛰어났고, 정사에 밝은 사람은 염유와 계로였고, 문학에는 자유와 자하가 뛰어났다."

子曰 回也는 非助我者也로다
자왈 회야 비조아자야

於吾言에 無所不說이로다
어오언 무소불열

공자께서 말씀하셨다.
"안회는 나를 도와주는 사람이 아니다. 내가 말할 때마다 기뻐하지 않은 적이 없다."

子曰 孝哉라 閔子騫이여
자왈 효재 민자건
人不間於其父母昆弟之言이로다
인불간어기부모곤제지언

공자께서 말씀하셨다.
"참으로 효성스럽구나, 민자건이여! 사람들은 부모형제가 그를 칭찬하는 말에 트집을 잡지 못하는구나."

南容이 三復白圭어늘
남용 삼부백규
孔子以其兄之子로 妻之하시다
공자이기형지자 처지

남용이 백규라는 시를 세 번씩 반복해서 외웠는데 공자가 형의 딸을 그에게 시집보냈다.

季康子問 弟子孰爲好學이리잇고
계강자문 제자숙위호학
孔子對曰 有顔回者 好學하더니
공자대왈 유안회자 호학
不幸短命死矣라 今也則亡하니라
불행단명사의 금야즉무

계강자가 물었다.
"제자 중에서 누가 배우기를 좋아합니까?"
공자께서 대답하셨다.
"안회가 배우기를 좋아했는데 불행히 일찍 죽어 지금은 없습니다."

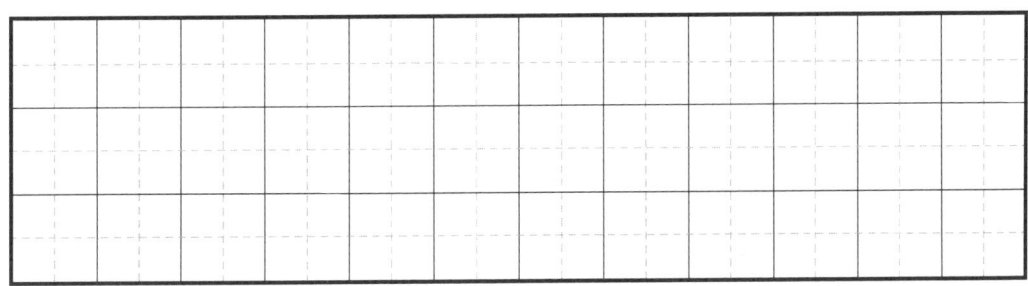

顔淵死어늘 子曰 噫라 天喪予삿다 天喪予삿다
안연사 자왈 희 천상여 천상여

안연이 죽자 공자께서 말씀하셨다.
"아! 하늘이 나를 버리는구나, 하늘이 나를 버리는구나."

顔淵死어늘 子哭之慟하신대
안연사 자곡지통

從者曰 子慟矣시니이다
종자왈 자통의

曰有慟乎아 非夫人之爲慟이요 而誰爲리오
왈 유통호 비부인지위통 이수위

안연이 죽자 공자께서 곡을 애통하게 하시니 따르는 자가 말하였다.
"선생님께서 상심하시는군요."
"상심했다고? 그를 위해 상심하지 아니하면 누구를 위해 그렇게 하겠는가."

顔淵死어늘 門人欲厚葬之한대 子曰不可하니라
안연사   문인욕후장지   자왈불가

門人이 厚葬之한대 子曰 回也는
문인   후장지   자왈 회야

視予猶父也어늘 予不得視猶子也하니
시여유부야   여부득시유자야

非我也라 夫二三子也니라
비아야   부이삼자야

안연이 죽자 문인이 후히 장사를 지내고자 하였더니, 공자께서 말씀하셨다.
"옳지 못하다."
문인들이 성대하게 장사를 지내자 공자께서 말씀하셨다.
"안회는 나를 아비같이 여겼거늘 나는 친자식처럼 대하지 못했으니 나 때문이 아니라 너희 때문이다."

季路問事鬼神한대 子曰 未能事人이면
계로문사귀신   자왈 미능사인

焉能事鬼리오
언능사귀

敢問死하노이다 曰 未知生이면 焉知死리오
감문사   왈 미지생   언지사

계로가 귀신 섬기는 일에 대해 묻자 공자께서 말씀하셨다.
"능히 사람도 섬기지 못하면서 어찌 귀신을 섬길 수 있겠느냐?"
"감히 죽음에 대하여 여쭙겠습니다."
공자께서 말씀하셨다.
"삶도 알지 못하는데 어찌 죽음에 대해 알 수 있겠느냐?"

閔子는 侍側에 誾誾如也하고
민자   시측   은은여야

子路는 行行如也하고
자로   항항여야

冉有子貢은 侃侃如也어늘 子樂하시다
염유자공   간간여야   자락

若由也는 不得其死然이로다
약유야   부득기사연

민자는 선생님을 곁에서 모실 때 공손하고 엄숙하였고, 자로는 굳세고 강건하였으며, 염유와 자공은 강직하여 공자가 즐거워하였다.
"유와 같은 사람은 제명에 죽지 못할 것 같구나."

魯人이 爲長府러니 閔子騫이
노인 위장부 민자건

曰 仍舊貫如之何오 何必改作이리오
왈 잉구관여지하 하필개작

子曰 夫人不言이언정 言必有中이니라
자왈 부인불언 언필유중

노나라 사람이 장부라는 창고를 새로 짓자, 민자건이 말하였다.
"예전대로 두면 안 되는가? 굳이 다시 지어야만 하는가?"
공자께서 말씀하셨다.
"그는 말을 잘 안 하지만, 말을 했다 하면 반드시 이치에 맞다."

子曰 由之鼓瑟을 奚爲於丘之門고
자왈 유지고슬 해위어구지문

門人이 不敬子路한대
문인 불경자로

子曰 由也는 升堂矣요 未入於室也니라
자왈 유야 승당의 미입어실야

공자께서 말씀하셨다.
"유는 어찌 내 집에서 거문고를 연주하는고?"
이 말을 듣고 제자들이 자로를 공경하지 않게 되자 공자께서 말씀하셨다.
"유의 학문은 대청마루에는 올라섰으나 아직 방안에는 들지 못하였다."

子貢이 問 師與商也孰賢이리잇고
자공 문 사여상야숙현

子曰 師也는 過하고 商也는 不及이니라
자왈 사야 과 상야 불급

曰 然則師愈與잇가
왈 연즉사유여

子曰 過猶不及이니라
자왈 과유불급

자공이 물었다.
"사와 상은 누가 더 현명합니까?"
공자께서 말씀하셨다.
"사는 재주가 지나치고 상은 모자란다."
"그러면 사가 더 낫습니까?"
공자께서 말씀하셨다.
"지나친 것은 모자람과 같은 것이다."

季氏富於周公이어늘
계씨부어주공

而求也 爲之聚斂而附益之한대
이구야 위지취렴이부익지

子曰 非吾徒也로소니 小子아
자왈 비오도야   소자

鳴鼓而攻之可也니라
명고이공지가야

계씨는 주공보다 부유했는데 구가 그를 위해 세금을 거둬서 재산을 늘려 주었다. 공자께서 말씀하셨다.
"내 제자가 아니다. 너희들은 북을 울리며 성토해도 좋다."

柴*也는 愚하고 參*也는 魯하고 師*也는 辟하고
시야 우   삼야 노   사야 벽

由*也는 喭이니라
유야   언

시는 어리석고, 삼은 미련하고, 사는 치우치고, 유는 거칠다.

시: 자고, 삼: 증자, 사: 자장, 유: 자로

子曰 回也는 其庶乎요 屢空이니라
자왈 회야 기서호 누공
賜는 不受命이요 而貨殖焉이나 億則屢中이니라
사 불수명 이화식언 억칙루중

공자께서 말씀하셨다.
"회는 도를 깨달았지만 늘 궁핍했다. 사는 천명을 받들지는 않았지만 재물을 모았는데 예측이 종종 맞았기 때문이다."

子張이 問善人之道한대 子曰 不踐迹이나
자장 문선인지도 자왈 불천적
亦不入於室이니라
역불입어실

자장이 선인의 도를 묻자, 공자께서 말씀하셨다.
"성현의 훌륭한 발자취를 좇지 않으면 성현의 경지에 이르지 못한다."

子曰 論篤을 是與면 君子者乎아 色莊者乎아
자왈 논독 시여 군자자호 색장자호

공자께서 말씀하셨다.
"말이 독실하다고 그를 인정한다면 군자인지 외모만 장엄한 사람인지 어찌 알겠는가?"

子路問聞斯行諸잇가 子曰 有父兄在하니
자로문문사행저　　　자왈 유부형재

如之何其聞斯行之리오 冉有問聞斯行諸잇가
여지하기문사행지　　염유문문사행저

子曰 聞斯行之니라
자왈 문사행지

公西華曰 由也問聞斯行諸어늘
공서화왈 유야문문사행저

子曰 有父兄在라 하시고 求也問聞斯行諸어늘
자왈 유부형재　　　　　구야문문사행저

子曰聞斯行之라 하시니 赤也惑하여 敢問하노이다
자왈문사행지　　　　　적야혹　　감문

子曰 求也退라 故로 進之니라
자왈 구야퇴　고　진지

由也는 兼人故로 退之호라
유야　겸인고　퇴지

자로가 물었다.
"옳은 말을 들으면 곧 행합니까?"
공자께서 말씀하셨다.
"부형이 있으니 어찌 듣고 즉시 행하겠느냐?"
염유가 물었다.
"옳은 말을 들으면 곧 행합니까?"
공자께서 말씀하셨다.
"듣는 대로 행하여라."
이에 공서화가 말하였다.
"유가 옳은 말을 듣는 즉시 행하냐고 물었을 때는 부형이 있다 하시고 구가 옳은 말을 들으면 행하냐고 물었을 때는 들은 즉시 행하라 하시니 제가 의심스러워 감히 묻습니다."
공자께서 말씀하셨다.
"구는 소극적이고 잘 나서지 않으니 앞으로 나서라 했고 유는 적극적이고 과감하기 때문에 물러나게 한 것이다.

子畏於匡하실새 顔淵後러니
자 외 어 광   안 연 후

子曰 吾以女爲死矣로다
자 왈 오 이 녀 위 사 의

曰子在오사나 回何敢死리잇고
왈 자 재   회 하 감 사

공자가 광 땅에서 조심하실 때 안연이 뒤처져 늦게 오자, 공자께서 말씀하셨다.
"나는 네가 죽은 줄 알았다."
안연이 말하였다.
"선생님이 계신데 제가 어찌 감히 죽겠습니까?"

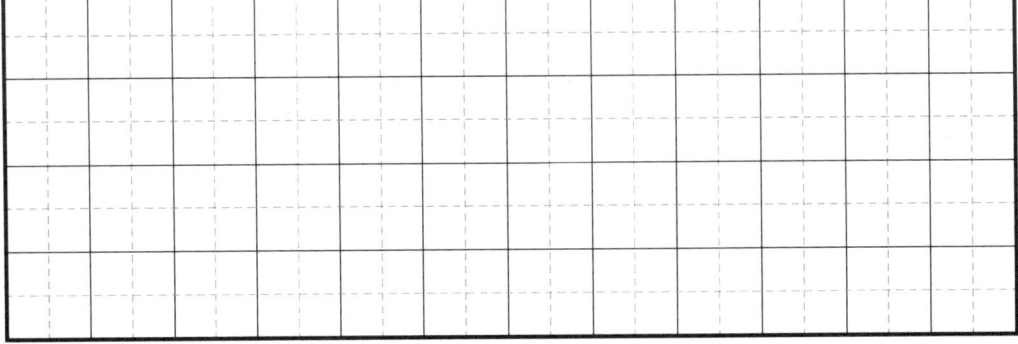

季子然이 問仲由冉求는 可謂大臣與잇가
계자연 문중유염구 가위대신여

子曰吾以子爲異之問이러니
자왈오이자위이지문

曾由與求之問이로다
증유여구지문

所謂大臣者는 以爾事君하다가 不可則止하나니
소위대신자 이도사군 불가즉지

今由與求也는 可謂具臣矣니라
금유여구야 가위구신의

曰然則從之者與잇가
왈연즉종지자여

子曰 弑父與君은 亦不從也니라
자왈 시부여군 역부종야

계자연이 물었다.
"중유와 염구는 가히 대신이라 말할 만합니까?"
공자께서 말씀하셨다.
"나는 자네가 특별한 질문을 할 줄 알았는데 유와 구에 대해 묻는구나. 이른바 대신이라고 하면 정도로써 임금을 섬기다가 뜻대로 되지 않으면 그만두는 것이다. 이런 점에서 유와 구는 가히 자리만 채운 신하라 할 수 있다."
계자연이 물었다.
"그렇다면 지시를 따르기만 하는 신하입니까?"
공자께서 말씀하셨다.
"아비와 임금을 죽이는 일은 따르지 않을 것이다."

子路使子羔로 爲費宰한대 子曰 賊夫人之子로다
자로사자고 위비재 자왈 적부인지자

子路曰 有民人焉하며 有社稷焉하니
자로왈 유민인언 유사직언

何必讀書然後에 爲學이리잇고
하필독서연후 위학

子曰 是故로 惡夫佞者하노라
자왈 시고 오부녕자

자로가 자고를 비읍의 수장으로 천거하자 공자께서 말씀하셨다.
"남의 자식을 망치는구나!"
자로가 말하였다.
"그곳에는 다스릴 백성이 있고 받들 사직이 있는데 어찌 반드시 책만을 읽어야 배움이 된다고 하겠습니까?"
공자께서 말씀하셨다.
"그래서 내가 말 잘하는 사람을 미워하는 것이다."

子路曾晳冉有公西華侍坐러니
자로증석염유공서화시좌

子曰 以吾一日長乎爾나 毋吾以也하라
자왈 이오일일장호이 무오이야

居則曰不吾知也라 하나니
거즉왈불오지야

如或知爾면 則何以哉오
여혹지이 즉하이재

子路率爾而對曰 千乘之國이
자로솔이이대왈 천승지국

攝乎大國之間하여 加之以師旅요
섭호대국지간 가지이사려

因之以饑饉이어든 由也爲之며 比及三年하여
인지이기근 유야위지 비급삼년

可使有勇이요 且知方也하리이다 夫子哂之하시다
가사유용 차지방야 부자신지

자로와 증석과 염유와 공서화가 공자를 모시고 앉았는데 공자께서 말씀하셨다.
"내가 비록 너희들보다 조금 나이가 많지만 어려워 말라. 평소에 너희들을 몰라준다고 말하지만 만약 누군가 너희들을 알아준다면 어떻게 하겠느냐?"
자로가 선뜻 나서며 대답하였다.
"천승의 나라가 대국의 사이에 끼어서 전쟁에 휘말리고 기근으로 백성이 굶주린다면, 저 유가 나서서 삼년만 다스리면 백성을 용감하게 만들고 또 바르게 처신하는 길을 알려줄 겁니다."
이 말을 듣고 공자가 웃으며 말씀하셨다.

求아 爾는 何如오 對曰方六七十과
 구   이   하여   대왈방륙칠십
如五六十에 求也爲之면 比及三年하여
여오륙십   구야위지   비급삼년
可使足民이어니와 如其禮樂엔 以俟君子하리이다
가사족민   여기례악   이사군자
赤아 爾는 何如오 對曰非曰能之라
 적   이   하여   대왈비왈능지
願學焉하노이다 宗廟之事와 如會同에
원학언   종묘지사   여회동
端章甫로 願爲小相焉하노이다
단장보   원위소상언

"구야 너는 어떠냐?"
구가 대답하였다.
"사방 육칠십 리 또는 더 적은 오륙십 리쯤 되는 나라를 저 구가 나서서 삼년만 다스리면 가히 백성들을 풍족하게 하거니와 예악은 이에 능한 군자를 기다리겠습니다."
"적아 너는 어떠냐?"
적이 대답하였다.
"저는 능하다고 함이 아니라 배우기를 원할 따름입니다. 저는 종묘의 일과 제후들의 회동에서 현단의 옷을 입고 장보의 관을 쓰고 보좌하는 작은 신하가 되기를 원합니다."

點아 爾는 何如오 鼓瑟希러니 鏗爾舍瑟而作하여
점 이 하여 고슬희 갱이사슬이작

對曰異乎三子者之撰호이다 子曰 何傷乎리오
대왈이호삼자자지선 자왈 하상호

亦各言其志也니라 曰莫春者에
역각언기지야 왈모춘자

春服이 旣成이어든 冠者五六人과
춘복 기성 관자오륙인

童子六七人으로 浴乎沂하여 風乎舞雩하여
동자륙칠인 욕호기 풍호무우

詠而歸하리이다 夫子喟然嘆曰吾與點也하노라
영이귀 부자위연탄왈오여점야

"점아 너는 어떠냐?"
비파를 조용히 뜯고 있다가 소리 나게 비파를 놓고 일어나 대답하였다.
"저는 세 사람과는 뜻이 다릅니다."
공자께서 말씀하셨다.
"무슨 상관이 있겠느냐? 각자 자신의 뜻을 말하는 것이다."
점이 말하였다.
"늦은 봄에 봄옷을 입고 관을 쓴 대여섯의 벗과 아이들 예닐곱과 기수에서 목욕하고 무우에서 바람을 쐬고 시를 읊으며 돌아오겠습니다."
공자께서 감탄하며 말씀하셨다.
"나도 너와 같도다."

三子者出커늘 曾晳이 後러니
삼 자 자 출   증 석   후

曾晳이 曰夫三子者之言이 何如하리잇고
증 석   왈 부 삼 자 자 지 언   하 여

子曰 亦各言其志已矣니라
자 왈 역 각 언 기 지 이 의

曰夫子何哂由也시니잇고
왈 부 자 하 신 유 야

曰爲國以禮어늘 其言이 不讓이라
왈 위 국 이 례   기 언   불 양

是故로 哂之호라
시 고   신 지

唯求則非邦也與잇가 安見方六七十과
유 구 즉 비 방 야 여   안 견 방 륙 칠 십

如五六十而非邦也者리오
여 오 륙 십 이 비 방 야 자

唯赤則非邦也與잇가 宗廟會同이
유 적 즉 비 방 야 여   종 묘 회 동

非諸侯而何오 赤也爲之小면 孰能爲之大리오
비 제 후 이 하   적 야 위 지 소   숙 능 위 지 대

세 사람이 나가고 증석이 남아 있다가 말하였다.
"세 사람의 말을 어떻게 생각하십니까?"
공자께서 말씀하셨다.
"저마다의 뜻을 말했을 뿐이다."
증석이 말하였다.
"선생님께서는 어찌하여 유의 말에 웃으셨는지요?"
공자께서 말씀하셨다.
"나라는 예로써 다스려야 하거늘 그의 말이 겸손하지 않아서 웃은 것이다."
"그렇다면 구가 말한 것은 나라를 다스리는 것이 아닙니까?"
"어찌 사방 육칠십 리 또는 오륙십 리이건 역시 나라가 아니겠는가?"
"그렇다면 적이 말한 것도 나라를 다스리는 것이 아닙니까?"
"종묘의 일과 회동이 어찌 제후들의 일이 아니겠느냐? 적이 하는 일을 작다고 하면 어느 누가 하는 일이 큰일이라고 할 수 있겠느냐?"

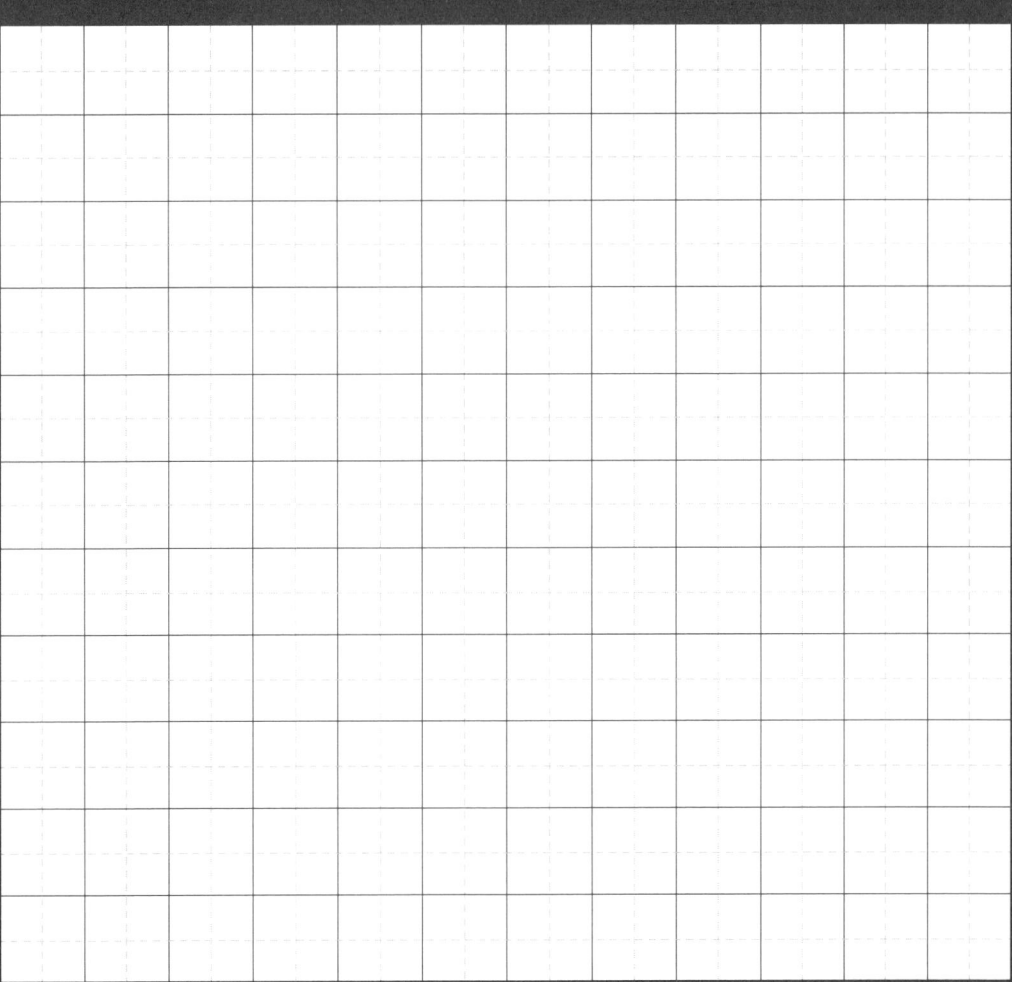

제12편

顔淵
안연

顔淵이 問仁한대 子曰 克己復禮爲仁이니
안연   문인   자왈 극기복례위인

一日克己復禮면 天下歸仁焉하나니
일일극기복례   천하귀인언

爲仁이 由己니 而由人乎哉아
위인   유기   이유인호재

안연이 인에 대해 묻자, 공자께서 말씀하셨다.
"자기를 이겨내고, 예로 돌아가는 것이 인이다. 하루라도 자신을 이기고 예로 돌아가면 천하가 인으로 돌아갈 것이다. 인을 행하는 것은 남에게 있는 것이 아니라 자신에게 있느니라."

顏淵이 曰 請問其目하노이다
안연 왈 청문기목

子曰 非禮勿視하며 非禮勿聽하며
자왈 비례물시 비례물청

非禮勿言하며 非禮勿動이니라
비례물언 비례물동

顏淵이 曰 回雖不敏이나
안연 왈 회수불민

請事斯語矣로리이다
청사사어의

안연이 말하였다.
"그 조목을 듣고 싶습니다."
공자께서 말씀하셨다.
"예가 아니면 보지 말고, 예가 아니면 듣지 말고, 예가 아니면 말하지도 말고, 예가 아니면 행하지도 말라."
안연이 말하였다.
"저 회가 비록 부족하지만 그 말씀을 받들겠습니다."

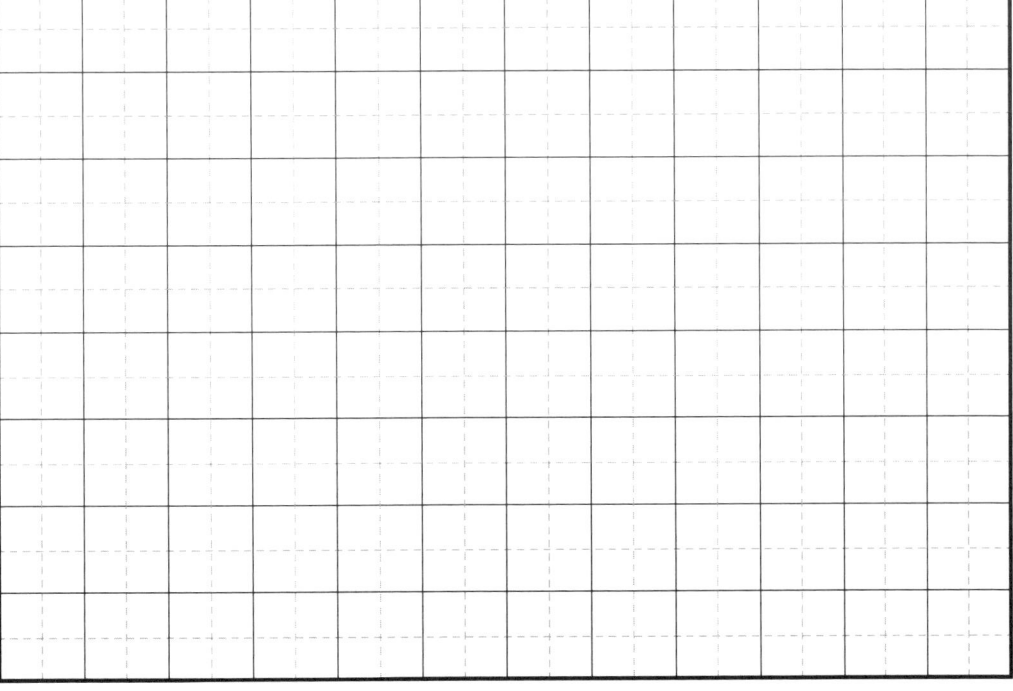

仲弓이 問仁한대 子曰 出門如見大賓하며
중궁 문인   자왈 출문여견대빈

使民如承大祭하고 己所不欲을 勿施於人이니
사민여승대제   기소불욕   물시어인

在邦無怨하며 在家無怨하니라
재방무원   재가무원

仲弓이 曰 雍雖不敏이나 請事斯語矣로리이다
중궁   왈 옹수불민   청사사어의

중궁이 인에 대해 묻자, 공자께서 말씀하셨다.
"문밖에 나섰을 때는 귀한 손님을 대하듯 하고, 백성을 부릴 때는 큰 제사를 받들 듯이 하고, 자기가 하기 싫은 일을 남에게 강요하지 말아야 한다. 그러면 조정에서도 집안에서도 원망하는 이가 없을 것이다."
중궁이 말하였다.
"저 옹이 비록 부족하지만 그 말씀을 받들겠습니다."

司馬牛問仁한대 子曰 仁者는 其言也訒이니라
사마우문인   자왈 인자   기언야인

曰 其言也訒이면 斯謂之仁矣乎잇가
왈 기언야인   사위지인의호

子曰 爲之難하니 言之得無訒乎아
자왈 위지난   언지득무인호

사마우가 인에 대해 묻자 공자께서 말씀하셨다.
"인자는 말을 조심해야 한다."
사마우가 말하였다.
"그 말을 조심해서 하면 그것을 가리켜 인이라 할 수 있습니까?"
공자께서 말씀하셨다.
"그것을 실행하기가 어려울 것이니 말을 조심하지 않을 수 있겠는가?"

司馬牛問君子한대 子曰 君子는 不憂不懼니라
사마우문군자　　자왈 군자　불우불구

曰 不憂不懼면 斯謂之君子矣乎잇가
왈 불우불구　사위지군자의호

子曰 內省不疚어니 夫何憂何懼리오
자왈 내성불구　　부하우하구

사마우가 군자에 대해 묻자, 공자께서 말씀하셨다.
"군자는 근심하지도 않고 두려워하지도 않는다."
"근심하지도 않고 두려워하지도 않으면 이런 사람이 군자라는 말씀입니까?"
공자께서 말씀하셨다.
"마음으로 스스로를 돌아보아 허물이 없다면, 무엇을 근심하고 무엇을 두려워하겠느냐?"

司馬牛憂曰 人皆有兄弟어늘 我獨亡이로다
사마우우왈 인개유형제 아독무

子夏曰 商聞之矣로니
자하왈 상문지의

死生이 有命이요 富貴在天이라 하라
사생 유명 부귀재천

君子敬而無失하고 與人恭而有禮면
군자경이무실 여인공이유례

四海之內皆兄弟也니
사해지내개형제야

君子何患乎無兄弟也리오
군자하환호무형제야

사마우가 근심스럽게 말하였다.
"다른 사람들은 모두 형제가 있는데 나만 홀로 없습니다."
자하가 말하였다.
"내가 듣자 하니, 죽고 사는 것은 운명에 달려 있고, 부귀는 하늘에 달려 있다고 합니다. 군자가 몸가짐을 경건히 하고 실수 없으며, 아울러 남에게 공손하고 예절 바르게 대하면 온 세상 사람들이 모두 형제입니다. 그러니 군자인 당신이 어찌 형제 없음을 걱정합니까?"

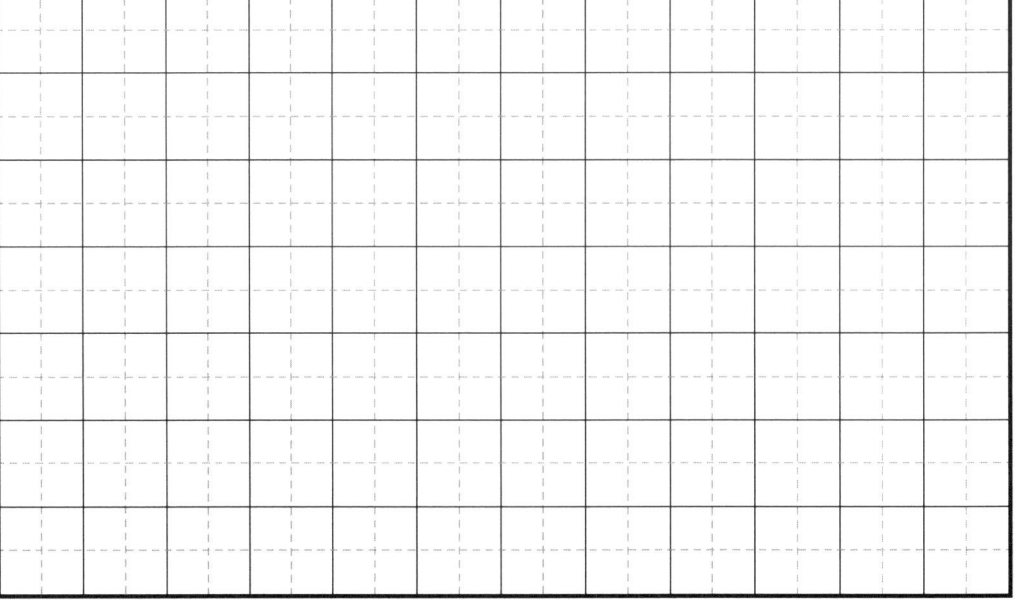

子張이 問明한대 子曰 浸潤之譖이
자장 문명   자왈 침윤지참

膚受之愬不行焉이면
부수지소불행언

可謂明也已矣니라 浸潤之譖이
가위명야이의   침윤지참

膚受之愬不行焉이면
부수지소불행언

可謂遠也已矣니라
가위원야이의

자장이 명철함에 대하여 묻자, 공자께서 말씀하셨다.
"물이 스며들 듯 은근한 참소와 피부로 느껴질 만큼 절실한 하소연을 물리친다면 사리에 밝다고 할 수 있다. 물이 스며들 듯 은근한 참소와 피부로 느껴질 만큼 절실한 하소연이 통하지 않아야 비로소 멀리 내다보는 식견이 있다고 말할 수 있다."

子貢이 問政한대 子曰 足食足兵이면 民信之矣니라
자공 문정 자왈족식족병 민신지의

子貢曰 必不得已而去이면
자공왈 필부득이이거

於斯三者 何先이리잇고 曰 去兵이니라
어사삼자 하선 왈거병

子貢曰 必不得已而去인댄 於斯二者에 何先이리잇고
자공왈 필부득이이거 어사이자 하선

曰 去食이니 自古皆有死어니와 民無信不立이니라
왈 거식 자고개유사 민무신불립

자공이 정치에 대해 묻자, 공자께서 말씀하셨다.
"식량을 풍족하게 제공하고, 군대를 넉넉하게 하면 백성이 믿을 것이다."
자공이 물었다.
"부득이 한 가지를 버려야 한다면 이 세 가지 중에서 어느 것을 먼저 버려야 합니까?"
공자께서 말씀하셨다.
"군대를 버려야 한다."
자공이 또 물었다.
"부득이 한 가지를 더 버려야 한다면 두 가지 중에서 어느 것을 먼저 버려야 합니까?"
"식량을 버려야 한다. 옛날부터 누구나 죽게 마련이지만, 백성들의 믿음이 없으면 존립할 수 없다."

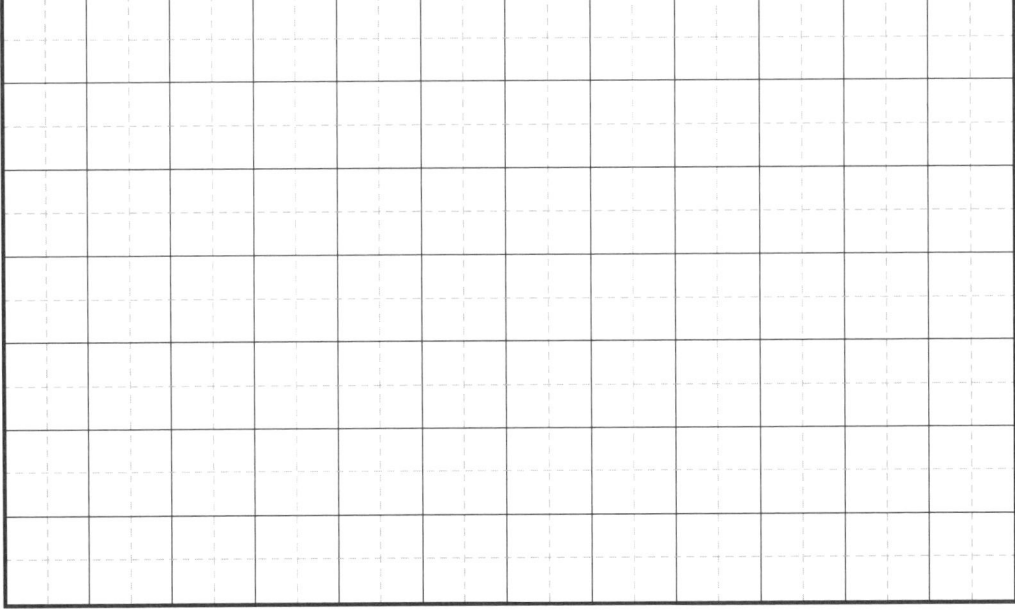

棘子成이 曰 君子는
극자성   왈 군자

質而已矣니 何以文爲리오
질이이의   가이문위

子貢이 曰 惜乎라 夫子之說이
자공   왈 석호   부자지설

君子也나 駟不及舌이로다
군자야   사불급설

文猶質也며 質猶文也니
문유질야   질유문야

虎豹之鞹이 猶犬羊之鞹이라
호표지곽   유견양지곽

극자성이 말하였다.
"군자는 본바탕만 갖추면 그만이지 무엇 때문에 꾸밉니까?"
자공이 말하였다.
"애석하다. 그대가 하는 말은 군자다우나 한 번 내뱉은 말은 네 마리가 끄는 수레가 제아무리 빠를지라도 혀를 따라갈 수 없는 것이다. 꾸밈이 바로 바탕이고, 바탕이 바로 꾸밈과 같으니 호랑이나 표범의 털 없는 가죽은 개나 양의 털 없는 가죽과 같은 이치이다."

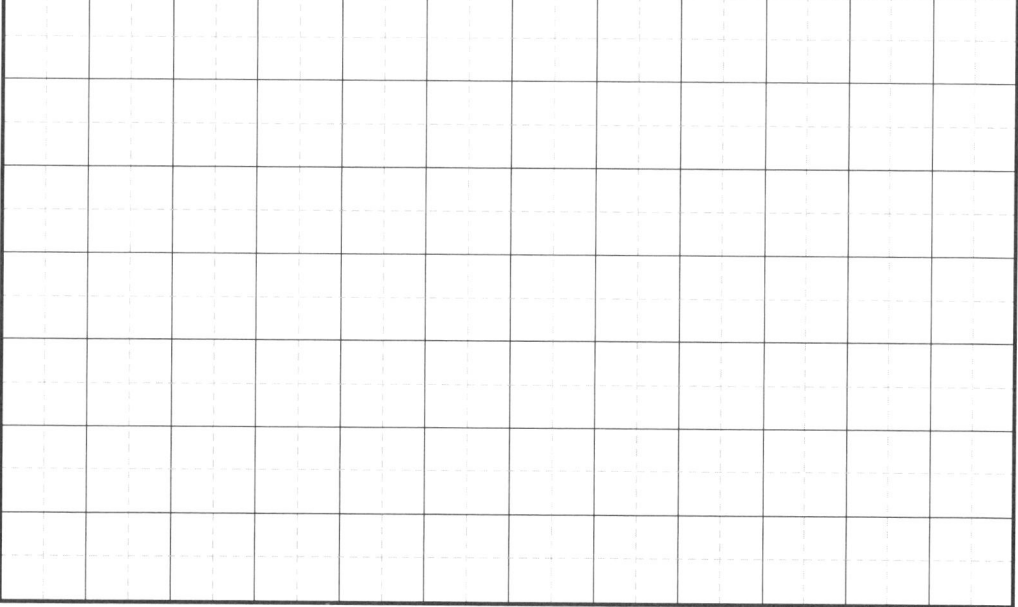

哀公이 問於有若曰 年饑用不足하니 如之何오
애공 문어유약왈 연기용부족   여지하

有若이 對曰 盍徹乎시니잇고
유약   대왈 합철호

曰二도 吾猶不足이어니 如之何其徹也리오
왈이   오유부족   여지하기철야

對曰 百姓이 足이면 君孰與不足이며
대왈 백성 족   군숙여부족

百姓이 不足이면 君孰與足이리잇고
백성   부족   군숙여족

애공이 유약에게 물었다.
"기근 때문에 재정이 궁핍한데 어찌하면 좋은가?"
유약이 대답하였다.
"어찌 철이라는 세법을 쓰지 않으십니까?"
"10분의 2로도 나는 오히려 부족한데 어떻게 철이라는 세법을 쓰란 말인가?"
유약이 대답하였다.
"백성이 풍족하면 어찌 군주가 풍족하지 않을 것이며, 백성이 풍족하지 않은데 어찌 군주가 풍족하겠습니까?"

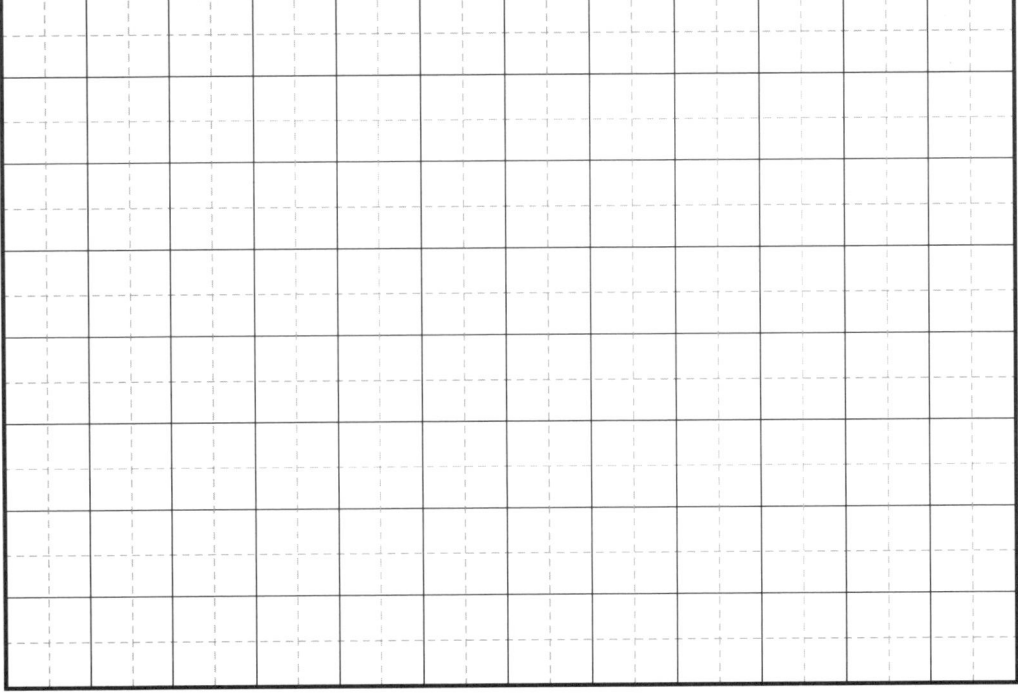

子張이 問崇德辨惑한대
자장 문숭덕변혹

子曰 主忠信하며 徙義崇德也니라
자왈 주충신 사의숭덕야

愛之란 欲其生하고 惡之란 欲其死하나니
애지 욕기생 오지 욕기사

旣欲其生이요 又欲其死是惑也니라
기욕기생 우욕기사시혹야

誠不以富요 亦祇以異로다
성불이부 역지이이

자장이 덕을 높이고 미혹된 행동을 분별하는 방법에 대해 묻자, 공자께서 말씀하셨다.
"충성과 신의를 중하게 여기고, 의를 실천하며 살아가는 것이 덕을 쌓는 일이다. 사랑할 때는 그가 살기를 바라고, 미워할 때는 그가 죽기를 바라지만, 이미 살기를 바라다가 또 죽기를 바라는 것이 곧 미혹이다. 진실로 재물이 많기 때문이 아니라, 단지 사람마다 다르기 때문이다."

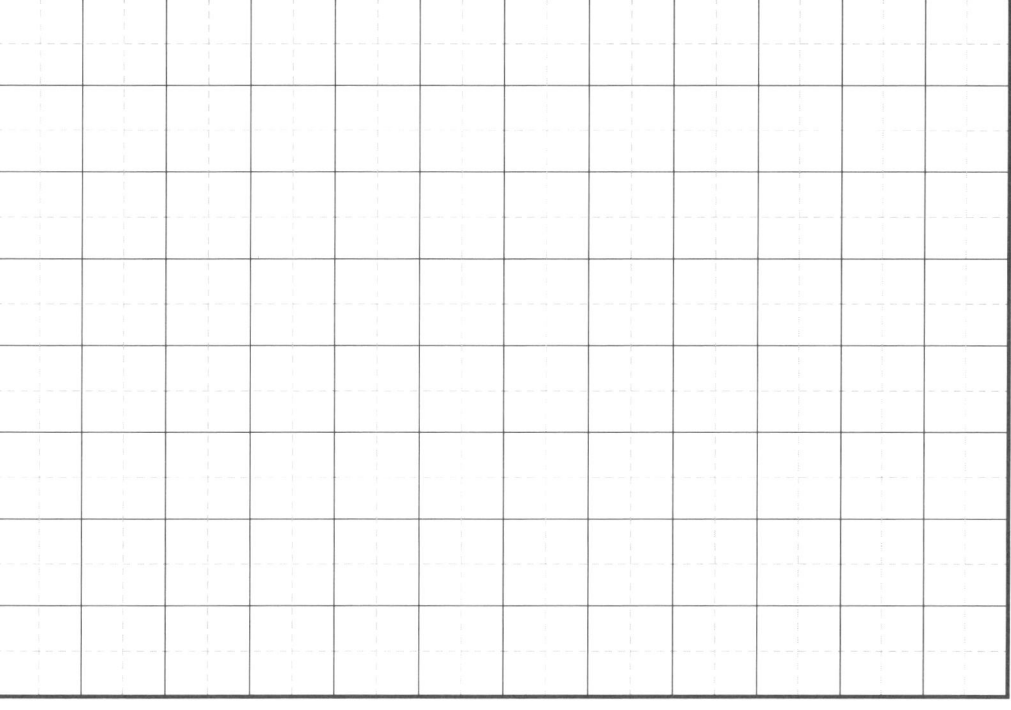

齊景公이 問政於孔子한대
제경공 문정어공자

孔子對曰 君君臣臣父父子子니이다
공자대왈 군군신신부부자자

公曰 善哉라 信如君不君하며
공왈 선재 신여군불군

臣不臣하며 父不父하며
신불신   부불부

子不子면 雖有粟이나 吾得而食諸아
자불자 수유속   오득이식제

제나라 경공이 공자에게 정치에 관해 묻자, 공자께서 말씀하셨다.
"임금은 임금다워야 하고 신하는 신하다워야 하고 아버지는 아버지다워야 하고, 자식은 자식다워야 합니다."
경공이 말하였다.
"좋은 말씀이오. 참으로 임금이 임금답지 못하고, 신하가 신하답지 못하며, 아비가 아비답지 못하고, 자식이 자식답지 못하면 비록 곡식이 있다 하더라도 내 어찌 먹을 수 있겠는가?"

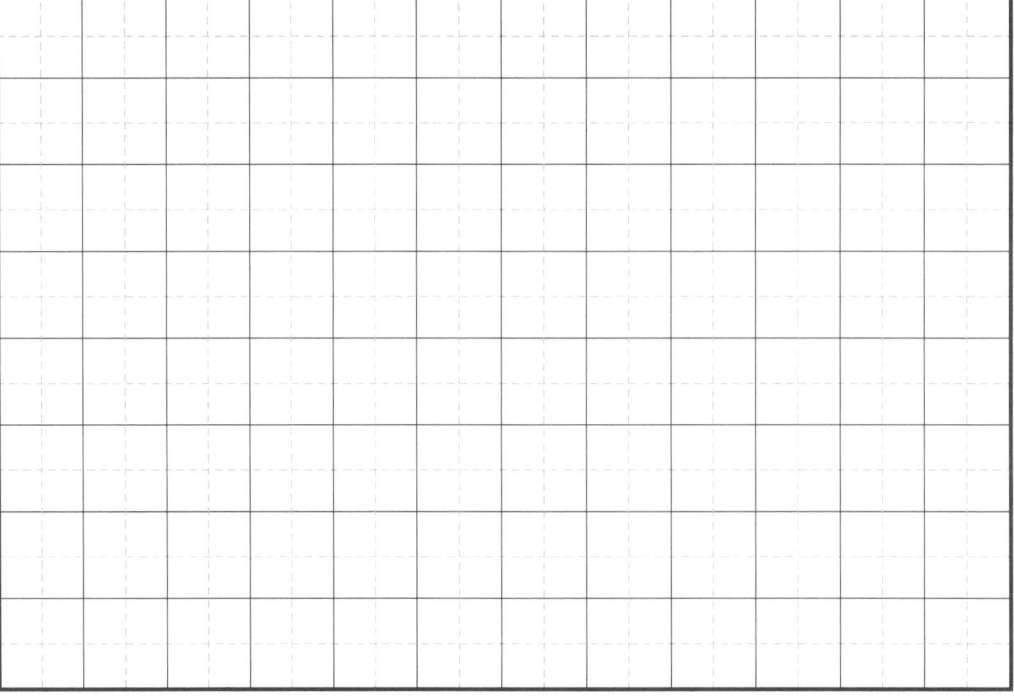

子曰 片言에 可以折獄者는 其由也與인저
자왈 편언 가이절옥자 기유야여

子路는 無宿諾이리라
자로 무숙락

공자께서 말씀하셨다.
"한 마디 말로써 소송을 판결할 수 있는 사람은 아마도 유일 것이다. 자로는 승낙한 말을 실행에 옮길 때 지체하는 일이 없다."

子曰 聽訟이 吾猶人也나 必也使無訟乎인저
자왈 청송 오유인야 필야사무송호

공자께서 말씀하셨다.
"송사를 듣고 판결하는 것은 나도 남만큼은 할 수 있으나 그보다는 반드시 송사가 없도록 해야 할 것이다."

子張이 問政한대 子曰 居之無倦이요
자장 문정 자왈 거지무권

行之以忠이니라
행지이충

자장이 정치에 관하여 묻자, 공자께서 말씀하셨다.
"관직에 있을 때는 게으르지 않고 정사를 처리할 때는 충성스런 마음으로 해야 한다."

子曰 博學於文이요 約之以禮면
자왈 박학어문 약지이례

亦可以弗畔矣夫인저
역가이불반의부

공자께서 말씀하셨다.
"널리 글을 배우고 예로 단속하면 도에서 어긋나지 않을 것이다."

子曰 君子는 成人之美하고 不成人之惡하나니
자왈 군자 성인지미 불성인지악

小人은 反是니라
소인 반시

공자께서 말씀하셨다.
"군자는 다른 사람의 좋은 점을 도와 이루도록 해주고, 다른 사람의 나쁜 점은 이루지 못하게 한다. 소인은 이와 반대이다."

季康子問政於孔子한대 孔子對曰
계강자문정어공자 공자대왈

政者는 正也니 子帥以正이면 孰敢不正이리오
정자 정야 자수이정 숙감부정

계강자가 공자에게 정치에 대해서 묻자, 공자께서 대답하셨다.
"정치란 바로잡는 것이니 대부가 솔선하여 바른 도리로 이끈다면 감히 누가 바르지 않을 수 있겠습니까?"

季康子患盜하여 問於孔子한대
계강자환도 문어공자

孔子對曰 苟子之不欲이면 雖賞之라도 不竊하리라
공자대왈 구자지불욕 수상지 부절

계강자가 도둑이 많은 것을 걱정하여 공자에게 조언을 구하자, 공자께서 말씀하셨다.
"진실로 대부가 욕심을 부리지 않는다면, 비록 상을 준다고 해도 백성들은 도둑질을 하지 않을 것입니다."

季康子問政於孔子曰如殺無道하여
계강자문정어공자왈여살무도

以就有道인댄 何如하리잇고 孔子對曰子爲政에
이취유도 하여 공자대왈자위정

焉用殺이리오 子欲善이면 而民이 善矣리니
언용살 자욕선 이민 선의

君子之德은 風이요 小人之德은
군자지덕 풍 소인지덕

草라 草上之風이면 必偃하나니라
초 초상지풍 필언

계강자가 정치에 관해 공자에게 질문하였다.
"만약 무도한 자를 죽여서 백성들에게 도를 지켜나가게 하면 어떻습니까?"
공자 대답하였다.
"정치를 하는데 어찌 사람을 죽이는 방법을 쓰려고 합니까? 대부가 선하고자 하면 백성들도 선하게 되니 군자의 덕은 바람과 같고 소인의 덕은 풀입니다. 풀 위에 바람이 불면 풀은 바람이 부는 대로 틀림없이 눕게 될 것입니다."

子張이 問하되 士何如라야 斯可謂之達矣리잇고
자장 문 사하여 사가위지달의

子曰 何哉요 爾所謂達者여
자왈 하재 이소위달자

子張이 對曰 在邦必聞하며 在家必聞이니이다
자장 대왈 재방필문 재가필문

子曰 是는 聞也라 非達也니라 夫達也者는
자왈 시 문야 비달야 부달야자

質直而好義하며 察言而觀色하여 慮以下人하나니
질직이호의 찰언이관색 여이하인

在邦必達하며 在家必達이니라
재방필달 재가필달

夫聞也者는 色取仁而行違요 居之不疑하나니
부문야자 색취인이행위 거지불의

在邦必聞하며 在家必聞이니라
재방필문 재가필문

자장이 물었다.
"선비는 어떻게 하면 통달했다고 할 수 있습니까?"
공자께서 말씀하셨다.
"네가 말하는 통달이란 무슨 뜻이냐?"
자장이 대답하였다.
"나라에서도 반드시 명성을 나고, 집안에 있어도 반드시 명성이 들리는 것입니다."
그러자 공자께서 말씀하셨다.
"그것은 명성이지 통달이 아니다. 통달이란 성품이 질박하고 강직하며 정의를 사랑하고, 남의 말을 깊이 살피고, 낯빛을 관찰하고 또 신중한 태도로 남에게 겸손해야 하는 것이다. 명성을 얻기만 하는 사람은 겉으로는 인을 취하면서 실제로는 인에 어긋나는 행동을 한다. 그러면서도 자기의 처신에 대해서 잘못이라고 의심하지 않으니 조정에 나아가 있어도 반드시 소문이 나고, 집안에 있어도 반드시 그런 말이 들리게 된다."

樊遲從遊於舞雩之下러니
번 지 종 유 어 무 우 지 하

曰敢問崇德修慝辨惑하노이다 子曰 善哉라 問이여
왈 감 문 숭 덕 수 특 변 혹 자 왈 선 재 문

先事後得이 非崇德與아 攻其惡이요
선 사 후 득 비 숭 덕 여 공 기 악

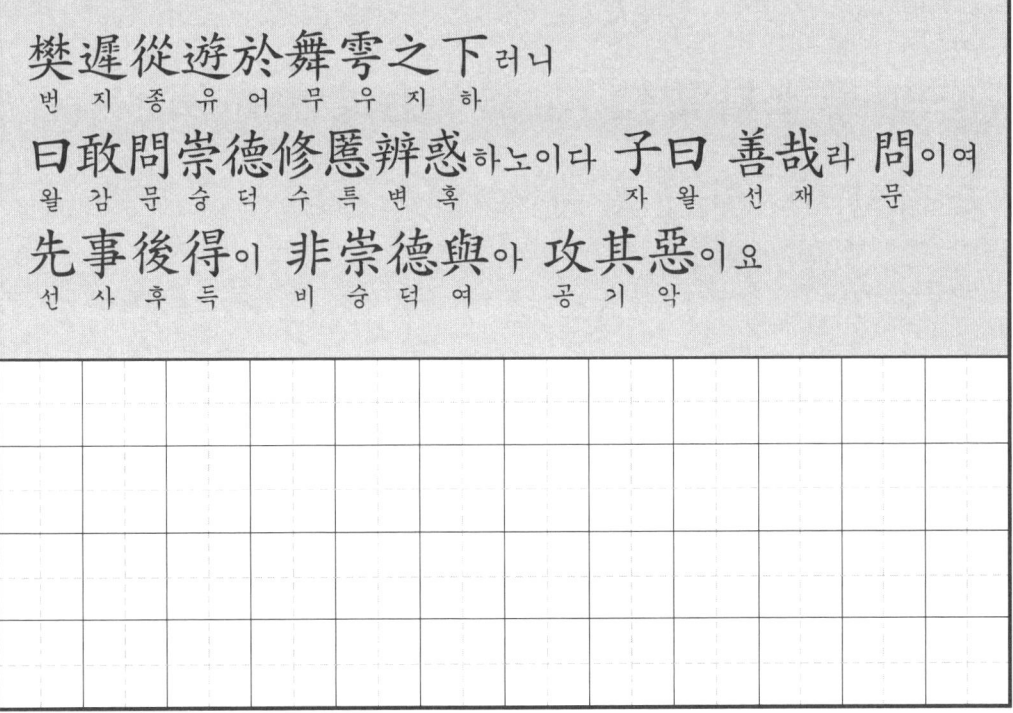

無攻人之惡이 非修慝與아 一朝之忿으로
무공인지악 비수특여   일조지분

忘其身하여 以及其親이 非惑與아
망기신   이급기친   비혹여

번지가 공자를 따라 무우 아래에서 거닐다가 말하였다.
"덕을 높이는 것과 결점을 바로 잡는 것과 미혹됨을 분별하는 법에 대하여 여쭙겠습니다."
공자께서 말씀하셨다.
"참 좋은 질문이다. 일을 먼저하고 이득은 나중에 얻는 것이 덕을 높이는 것이 아니겠느냐? 자기의 잘못을 책망하고, 남의 잘못을 책망하지 않는 것이 결점을 고치는 것이 아니겠느냐? 한때의 분노를 삭이지 못해 성질대로 했다가 그 화가 부모에게 미치는 것이 미혹됨이 아니겠느냐?"

樊遲問仁한대 子曰 愛人이니라 問知한대
번지문인   자왈 애인   문지

子曰 知人이니라 樊遲未達이어늘
자왈 지인   번지미달

子曰 擧直錯諸枉이면 能使枉者直이니라
자왈 거직조저왕   능사왕자직

樊遲退하여 見子夏曰 鄕也에
번지퇴   견자하왈 향야

吾見於夫子而問知호니 子曰 擧直錯諸枉이면
오견어부자이문지   자왈 거직조저왕

能使枉者直이라 하시니 何謂也오
능사왕자직   하위야

子夏曰 富哉라 言乎여 舜有天下에 選於衆하사
자하왈 부재   언호   순유천하   선어중

擧皐陶하시니 不仁者 遠矣요
거고도   불인자 원의

湯有天下에 選於衆하사 擧伊尹하시니
탕유천하　선어중　　거이윤

不仁者 遠矣니라
불인자 원의

번지가 인에 대해 묻자, 공자께서 말씀하셨다.
"사람을 사랑하는 것이다."
번지가 지에 대해 묻자, 공자께서 말씀하셨다.
"사람을 아는 것이다."
번지가 이 말을 깨닫지 못하자 공자께서 말씀하셨다.
"정직한 사람을 등용하여 삐뚤어진 사람 위에 두면 삐뚤어진 사람도 곧은 사람으로 만들 수 있다."
번지가 물러나와 자하를 보고 말하였다.
"내가 선생님을 뵙고 지에 대해 여쭈어 보자 선생님은 '정직한 사람을 등용하여 삐뚤어진 사람 위에 두면 삐뚤어진 사람도 곧게 할 수 있다'고 하셨는데 무슨 뜻인가?"
자하가 말하였다.
"많은 의미가 함축된 말씀이오. 순임금이 천하를 차지하자 무리 중에서 고요를 등용하시니 어질지 못한 이는 멀어졌고, 탕왕이 천하를 차지하자 무리 중에서 이윤을 등용하니 어질지 못한 자는 멀리 떠나버렸소."

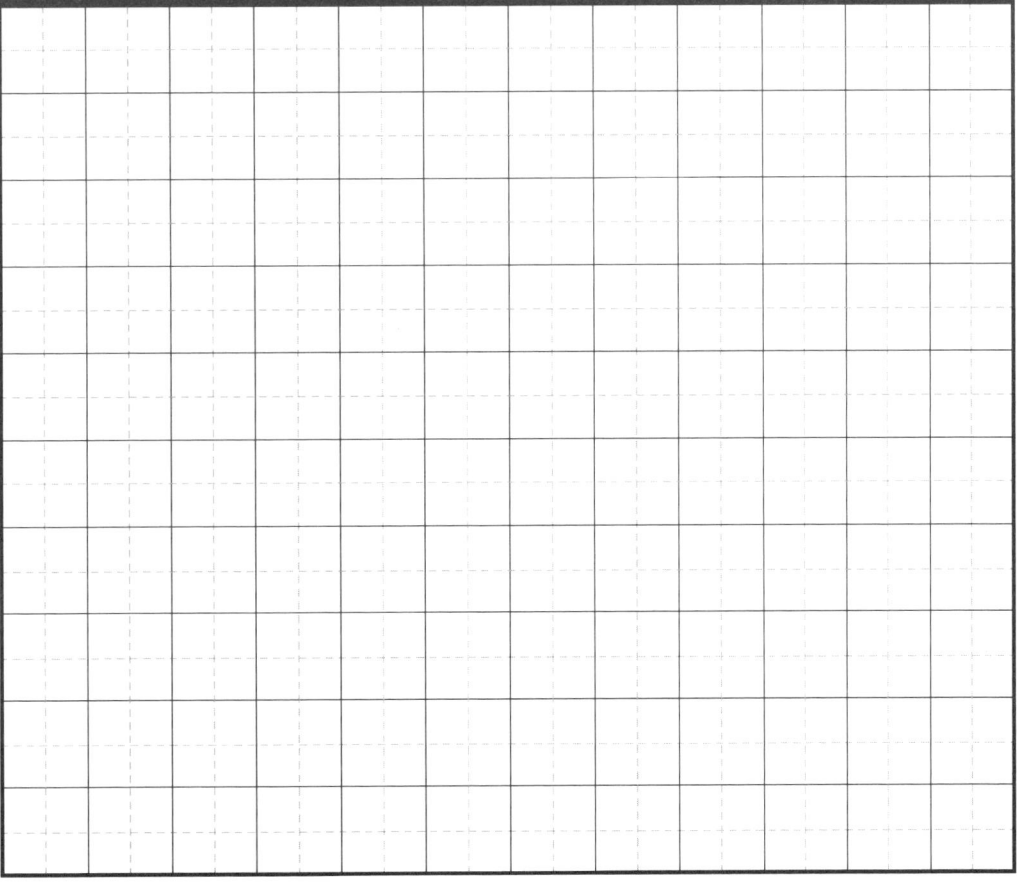

子貢이 問友한대 子曰 忠告而善道之하되
자공   문우   자왈 충고이선도지
不可則止하여 無自辱焉이니라
불가즉지   무자욕언

자공이 벗에 대해 묻자, 공자께서 말씀하셨다.
"충심으로 조언을 해주고 잘 인도하되, 듣지 않으면 그만두어 스스로를 욕되게 하지 않아야 한다."

曾子曰 君子는 以文會友하고 以友輔仁이니라
증자왈 군자   이문회우   이우보인

증자가 말하였다.
"군자는 학문을 중심으로 벗을 모으고, 벗의 도움으로 자신의 인을 보완한다."

제13편

子路
자로

子路問政한대 子曰 先之勞之니라
자로문정　　자왈 선지로지

請益한대 曰 無倦이니라
청익　　왈 무권

자로가 정치에 대해서 묻자, 공자께서 말씀하셨다.
"백성을 위해 솔선수범하는 자세로 일을 한 다음에 그들을 부려야 한다."
좀 더 설명해 주기를 청하자, 공자께서 말씀하셨다.
"게으름이 없어야 한다."

仲弓이 爲季氏宰라 問政한대
중궁　　위계씨재　　문정

子曰 先有司요 赦小過하며 擧賢才니라
자왈 선유사　 사소과　　　거현재

曰 焉知賢才而擧之리잇고
왈 언지현재이거지

子曰 擧爾所知면 爾所不知를 人其舍諸아
자왈 거이소지　　이소부지　　인기사제

중궁이 계씨의 가신이 되어 정치에 대해 묻자, 공자께서 말씀하셨다.
"담당 관리를 솔선수범하게 하고, 작은 허물은 용서하며, 현명한 인재를 등용해야 한다."
"현명한 인재인지 어떻게 알고 등용합니까?"
"네가 잘 아는 사람을 등용해 쓴다면 네가 알지 못하는 사람을 다른 사람들이 그냥 내버려두겠느냐?"

子路曰衛君이 待子而爲政하시나니
자로왈위군 대자이위정

子將奚先이잇고 子曰 必也正名乎인저
자장해선 자왈 필야정명호

子路曰 有是哉라 子之迂也여 奚其正이리잇고
자로왈 유시재 자지우야 해기정

子曰 野哉라 由也여 君子於其所不知에
자왈 야재 유야 군자어기소부지

蓋闕如也니라 名不正則言不順하고
개궐여야 명부정즉언불순

言不順則事不成하고 事不成則禮樂이
언불순즉사불성 사불성즉례악

不興하고 禮樂이 不興則刑罰이 不中하고
불흥 예악 불흥즉형벌 부중

刑罰이 不中則民無所措手足이니라
형벌 부중즉민무소조수족

故로 君子名之인댄 必可言也며 言之인댄
고 군자명지 필가언야 언지

必可行也니 君子於其言에 無所苟而已矣니라
필가행야 군자어기언 무소구이이의

자로가 말하였다.
"위나라 임금이 선생님과 함께 정치를 하려고 하면 선생님은 무엇부터 하시겠습니까?"
공자께서 말씀하셨다.
"반드시 명분을 바로잡겠다."
자로가 말하였다.

"그러시군요. 선생님은 세상물정을 모르십니다. 어떻게 바로잡으려고 하십니까?"
공자께서 말씀하셨다.
"유야! 참으로 사리에 어둡구나. 군자는 자신이 알지 못하는 일은 말하지 않고, 의문으로 남겨두는 법이다. 명분이 바르지 않으면 말이 이치에 닿지 않아 일이 이루어지지 못하고 일이 이루어지지 못하면 예와 악이 일어나지 못하고 예와 악이 일어나지 못하면 형벌이 들어맞지 아니하며 형벌이 들어맞지 못하면 백성이 옳고 그름을 알지 못하게 된다. 그러므로 군자가 명분을 세우면 반드시 말이 통하고 말이 통하면 행동에 옮길 수 있다. 군자는 말을 할 때 소홀함이 없어야 한다."

樊遲請學稼한대 子曰 吾不如老農호라
번지청학가　　자왈 오불여로농

請學爲圃한대 曰吾不如老圃
청학위포　　왈오불여로포

樊遲出커늘 子曰 小人哉라 樊須也여
번지출　　자왈 소인재　번수야

上好禮면 則民莫敢不敬하고 上好義면
상호례　즉민막감불경　　　상호의

則民莫敢不服하고 上好信이면
즉민막감불복　　　상호신

則民莫敢不用情이니 夫如是則四方之民이
즉민막감불용정　　　부여시즉사방지민

襁負其子而至矣리니 焉用稼리오
강부기자이지의　　　언용가

> 번지가 농사짓는 법을 청하자, 공자께서 말씀하셨다.
> "나는 늙은 농부보다 못하다."
> 번지가 밭일 배우기를 청하자, 공자께서 말씀하셨다.
> "나는 밭일 하는 늙은 농부보다 못하다."

번지가 나가자 공자께서 말씀하셨다.
"번수는 소인이구나. 윗사람이 예를 좋아하면 백성들도 공경하지 않을 수 없고 윗사람이 의를 좋아하면 백성들도 복종하지 않을 수 없고 윗사람이 신의를 좋아하면 백성들도 진심으로 하지 않을 수 없다. 이렇게 하면 사방의 백성이 자기 자식을 포대기에 싸서 업고 찾아올 것인데 어찌 농사짓는 일을 하겠는가?"

子曰 誦詩三百하되 授之以政에 不達하며
자왈 송시삼백   수지이정   부달
使於四方에 不能專對하면 雖多나 亦奚以爲리오
사어사방   불능전대   수다   역해이위

공자께서 말씀하셨다.
"시 삼백 편을 외운다 해도 정치를 맡기면 잘 해내지 못하고, 사신으로 사방에 가서도 독자적으로 대응하지 못한다면 아무리 시를 많이 외운들 무슨 소용이 있겠는가?"

子曰 其身正이면 不令而行하고
자왈 기신정   불령이행
其身不正이면 雖令不從이니라
기신부정   수령부종

공자께서 말씀하셨다.
"위정자 자신이 올바르면 명령을 내리지 않아도 만사가 이루어지고, 위정자 자신이 올바르지 않으면 비록 명령을 내려도 백성들이 따르지 않을 것이다."

子謂衛公子荊한대 善居室이로다 始有에
자위위공자형   선거실   시유
曰 苟合矣라 하고 少有에 曰 苟完矣라 하고
왈 구합의   소유   왈 구완의
富有에 曰 苟美矣라 하니라
부유   왈 구미의

공자께서 위나라 공자 형에 대하여 말씀하셨다.
"그는 집안 살림을 잘 꾸렸다. 처음으로 재산이 모이기 시작하자 '그런 대로 필요한 만큼 모였다'고 하였고, 그 후 좀 더 재산이 늘어나자, '그런 대로 다 갖추었다'고 말했으며, 아주 부유하게 되자 '진실로 좋다'라고 하였다."

子適衛하실새 冉有僕이러니 子曰 庶矣哉라
자적위   염유복   자왈 서의재
冉有曰 旣庶矣어든 又何加焉이리잇가
염유왈 기서의   우하가언
子曰 富之니라
자왈 부지
曰 旣富矣어든 又何加焉이리잇가 子曰 敎之니라
왈 기부의   우하가언   자왈 교지

공자가 위나라에 갈 때에 염유가 수레를 몰았다. 공자께서 말씀하셨다.
"백성이 많구나."
염유가 물었다.
"백성이 많아지고 나면 거기에 무엇을 더해 주어야 합니까?"
공자께서 말씀하셨다.
"부유하게 해주어야 한다."
"백성들이 부유해지고 나면 또 무엇을 더해 주어야 합니까?"
공자께서 말씀하셨다.
"가르쳐야 한다."

子曰 苟有用我者면 朞月而已可也라도
자왈 구유용아자   기월이이가야

三年이면 有成이니라
삼년   유성

공자께서 말씀하셨다.
"만약 나를 등용해 주는 사람이 있다면 일 년이면 어느 정도 기강을 잡을 수 있을 것이고, 3년이면 치적을 이룰 수 있을 것이다."

子曰 善人爲邦百年이면
자왈 선인위방백년

亦可以勝殘去殺矣라 하니 誠哉라 是言也여
역가이승잔거살의   성재   시언야

공자께서 말씀하셨다.
"선한 사람이 백 년 동안 나라를 다스린다면, 잔악한 사람을 교화시키고 사형을 없앨 수 있다고 했으니 이는 참으로 옳은 말이다."

子曰 如有王者라면 必世而後仁이니라
자왈 여유왕자 필세이후인

공자께서 말씀하셨다.
"만약 왕도를 실천하는 자가 나타난다면 반드시 한 세대 이후에야 어진 세상이 될 것이다."

子曰 苟正其身矣면 於從政乎何有며
자왈 구정기신의 어종정호하유
不能正其身이면 如正人何오
불능정기신 여정인하

공자께서 말씀하셨다.
"자기 자신을 바로잡는다면 정치를 하는 데 무슨 어려움이 있으며, 자기 자신을 바로잡지 못한다면 어떻게 남을 바르게 다스릴 수 있겠는가?"

冉子退朝어늘 子曰 何晏也오 對曰 有政이러이다
염자퇴조 자왈 하안야 대왈 유정
子曰 其事也로다 如有政인댄
자왈 기사야 여유정
雖不吾以나 吾其與聞之니라
수불오이 오기여문지

염유가 조정에서 물러나자 공자께서 말씀하셨다.
"어찌하여 늦었느냐?"
염유가 대답하였다.
"정사가 있었습니다."
공자께서 말씀하셨다.
"그것은 사사로운 일이었을 것이다. 만일 정사가 있었다면 비록 내가 참여하지 않았더라도 그 일을 들었을 것이다."

定公이 問一言而可以興邦이라 하나니 有諸잇가
정공 문일언이가이흥방   유저

孔子對曰 言不可以若是其幾也어니와
공자대왈 언불가이약시기기야

人之言 曰爲君難하며 爲臣不易라 하나니
인지언 왈위군난   위신불역

如知爲君之難也인댄 不幾乎一言而興邦乎잇가
여지위군지난야   불기호일언이흥방호

曰一言而喪邦이라 하나니 有諸잇가
왈일언이상방   유저

孔子對曰 言不可以若是其幾也어니와
공자대왈 언불가이약시기기야

人之言 曰予無樂乎爲君이요
인지언 왈여무락호위군

唯其言而莫予違也라 하나니
유기언이막여위야

如其善而莫之違也인댄 不亦善乎잇가
여기선이막지위야 불역선호

如不善而莫之違也인댄 不幾乎一言而喪邦乎잇가
여불선이막지위야 불기호일언이상방호

정공이 물었다.
"말 한 마디로 나라를 일으켜 세울 수 있다고 하는데 그런 일이 있습니까?"
공자께서 대답하셨다.
"말이 이와 같은 효과가 있는지 기약할 수는 없습니다. 사람들이 말하기를 '임금 노릇하기도 어렵고, 신하 노릇하기도 쉽지 않다'고 합니다. 만약 임금 노릇하기가 어렵다는 것을 안다면, 이 말이 바로 나라를 흥하게 하는 말에 가깝지 않겠습니까?"
정공이 말하였다.
"말 한 마디로 나라를 망하게 할 수 있다고 하는데 그런 일이 있습니까?"
공자께서 대답하셨다.
"말이 이와 같은 효과가 있는지 기약할 수는 없습니다. 사람들이 말하기를 '내가 임금 노릇하는데 다른 것은 즐거울 게 없고 오직 내가 한 번 말하면 어기지 못하는 것이 기쁘다'라고 합니다. 만일 임금의 말이 옳기 때문에 아무도 어기지 않는다면 이보다 더 좋을 수는 없겠지요. 허나 임금의 말이 틀린데도 어느 누구도 이를 거역하지 못한다면 이 말이 바로 나라를 잃게 하는 말에 가깝지 않겠습니까?"

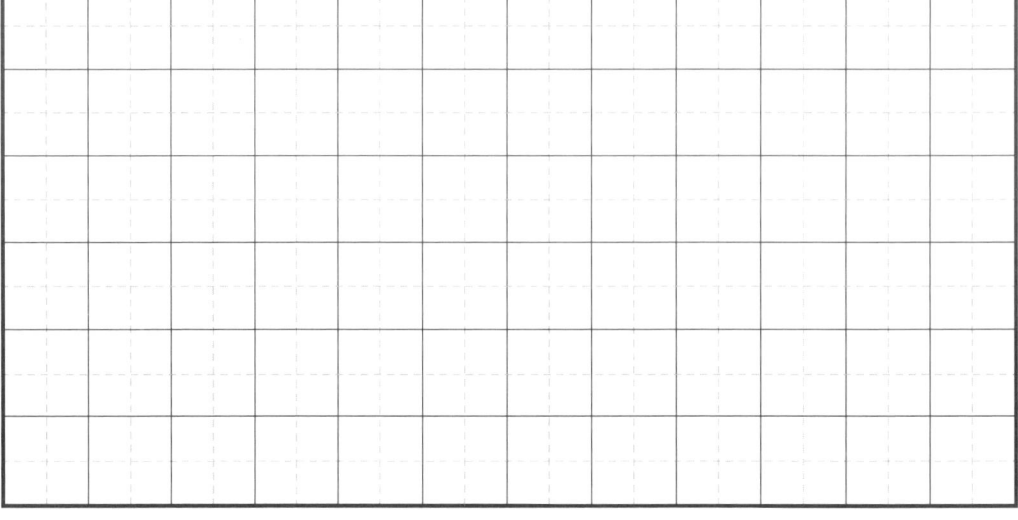

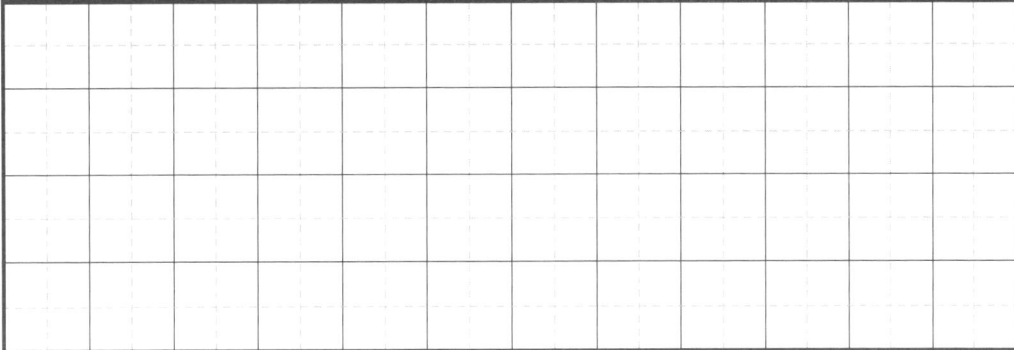

섭공이 정치에 대해 묻자, 공자께서 말씀하셨다.
"가까이 있는 사람은 기쁘게 하고, 멀리 있는 사람은 찾아오게 해야 합니다."

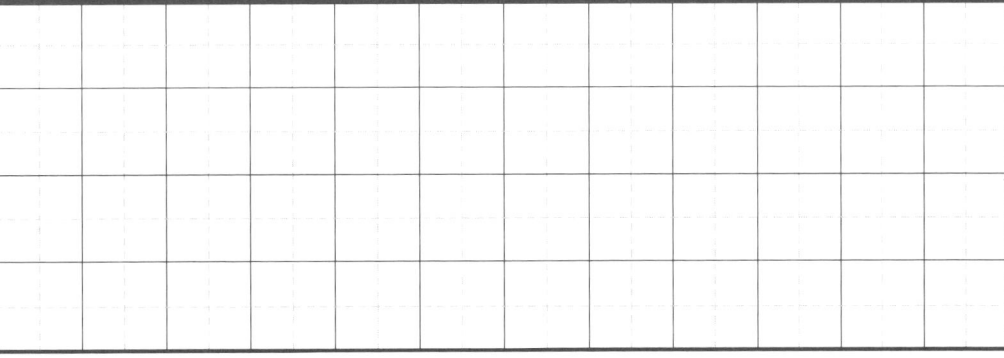

자하가 거보의 읍재가 되어 정사에 대해 묻자, 공자께서 말씀하셨다.
"서두르지 말고, 적은 이득을 꾀하지 말아야 한다. 서두르면 도달하지 못하고 적은 이득을 보려고 하면 큰일을 이룰 수 없다."

葉公이 語孔子曰 吾黨에 有直躬者하니
엽공   어공자왈 오당 유직궁자

其父攘羊이어늘 而子證之하니이다
기부양양   이자증지

孔子曰 吾黨之直者는 異於是하니
공자왈 오당지직자 이어시

父爲子隱하며 子爲父隱하나니 直在其中矣니라
부위자은   자위부은   직재기중의

섭공이 공자에게 말하였다.
"우리 마을에는 정직하게 사는 자가 있으니 그의 아버지가 양을 훔치자 자식이 고발했습니다."
공자께서 말씀하셨다.
"우리 마을의 정직한 사람은 그와 다릅니다. 아버지는 자식의 허물을 감싸주고 자식은 아버지의 허물을 숨기니 정직함은 그 가운데 있는 것입니다."

樊遲問仁한대 子曰 居處恭하며 執事敬하며
번지문인   자왈 거처공   집사경

與人忠을 雖之夷狄이라도 不可棄也니라
여인충 수지이적   불가기야

번지가 인에 대해서 묻자, 공자께서 말씀하셨다.
"평소 거처할 때는 공손하고, 일을 처리할 때에는 공경심을 가지며, 다른 사람을 대할 때는 정성을 다해야 한다. 이는 비록 오랑캐 땅에 가더라도 버려서는 안 된다."

子貢이 問曰何如라야 斯可謂之士矣잇고
자공 문왈하여 사가위지사의

子曰 行己有恥하며 使於四方하여
자왈 행기유치 사어사방

不辱君命이면 可謂士矣니라
불욕군명 가위사의

曰敢問其次하노이다 曰宗族이 稱孝焉하며
왈감문기차 왈종족 칭효언

鄕黨이 稱弟焉이니라
향당 칭제언

曰敢問其次하노이다 曰言必信하며
왈감문기차 왈언필신

行必果 硜硜然小人哉나 抑亦可以爲次矣니라
행필과 갱갱연소인재 억역가이위차의

曰今之從政者는 何如하니잇고 子曰 噫라
왈금지종정자   하여   자왈 희
斗筲之人을 何足算也리오
두소지인   하족산야

자공이 질문하였다.
"어떻게 해야 선비라 할 수 있습니까?"
공자께서 말씀하셨다.
"자신의 행동에 대해 부끄러워할 줄 알고, 사방에 사신으로 가서도 임금으로부터 받은 사명을 욕되게 하지 않는다면 선비라고 할 수 있다."
"감히 그 다음을 여쭙겠습니다."
"함께 사는 친족이 효성스럽다고 칭찬하고 마을 사람들이 공손하다고 칭찬하는 인물을 선비라 할 수 있다."
"감히 그 다음을 여쭙겠습니다."
"말한 것에 대해 반드시 신의를 지키려 하고 행동이 반드시 과단성이 있어야 하니 꽉 막힌 소인처럼 보이지만 그 다음 선비라 할 수 있다."
"오늘날 정치하는 사람들은 어떻습니까?"
"한심하구나. 한 말 정도밖에 되지 않는 도량을 지닌 사람들을 어찌 평가할 수 있단 말이냐?"

子曰 不得中行而與之엔
자왈 부득중행이여지
必也狂狷乎인저
필야광견호
狂者는 進取요 狷者는 有所不爲也니라
광자   진취   견자   유소불위야

공자께서 말씀하셨다.
"중용을 지키고 행실이 바른 사람과 함께 하지 못한다면, 차라리 뜻이 높은 사람이나 혹은 고지식한 사람을 택하겠다. 뜻이 높은 사람은 진취적이고, 고지식한 사람은 함부로 행동하지 않기 때문이다."

子曰 南人이 有言曰 人而無恒이면
자왈 남인 유언왈 인이무항

不可以作巫醫라 하니 善夫라
불가이작무의   선부

不恒其德이면 或承之羞라 하니
불항기덕   혹승지수

子曰 不占而已矣니라
자왈 부점이이의

공자께서 말씀하셨다.
"남쪽 사람들이 하는 말 중에 '사람이 늘 지니고 있는 변함없는 마음이 없으면 무당이나 의원이 될 수 없다'고 하였는데 좋은 말이다. '덕을 항상 유지하지 않으면 수치스런 일을 겪을 수도 있다'고 하였다."
공자께서 말씀하셨다.
"점괘를 쳐보지 않았기 때문이다."

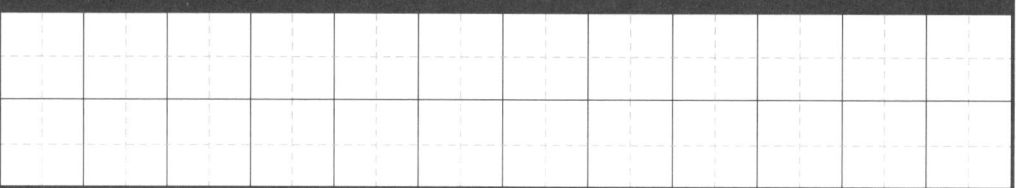

공자께서 말씀하셨다.
"군자는 사람들과 화합하지만 부화뇌동*하지 않고, 소인은 부화뇌동하지만 사람들과 화합하지 못한다."

부화뇌동(附和雷同) : 줏대 없이 남의 의견에 따라 움직임.

자공이 물었다.
"마을 사람들이 모두 그를 좋아하면 어떻습니까?"
공자께서 말씀하셨다.
"그 정도로는 안 된다."
"마을 사람들이 모두 그를 미워하면 어떻습니까?"
공자께서 말씀하셨다.
"그 정도로는 안 된다. 마을 사람들 중에서 선한 사람이 그를 좋아하고, 선하지 않은 사람이 그를 미워하는 것만 못하다."

子曰 君子는 易事而難說也니 說之不以道면
자왈 군자 이사이난열야   열지불이도

不說也요 及其使人也하여는 器之니라
불열야   급기사인야   기지

小人은 難事而易說也니 說之雖不以道라도
소인   난사이이열야   열지수불이도

說也요 及其使人也하여는 求備焉이니라
열야   급기사인야   구비언

공자께서 말씀하셨다.
"군자는 섬기기는 쉬워도 기쁘게 하기는 어렵다. 도로써 기쁘게 하지 않으면 기뻐하지 않지만, 사람을 부릴 때에는 역량에 맞게 일을 맡긴다. 소인은 섬기기는 어려워도 기쁘게 하기는 쉽다. 도로써 기쁘게 하지 않더라도 기뻐하지만, 사람을 부릴 때에는 온갖 재능을 다 갖출 것을 요구하기 때문이다."

子曰 君子는 泰而不驕하고 小人은 驕而不泰니라
자왈 군자   태이불교   소인   교이불태

공자께서 말씀하셨다.
"군자는 태연하되 교만하지 않고, 소인은 교만하되 태연하지 못하다."

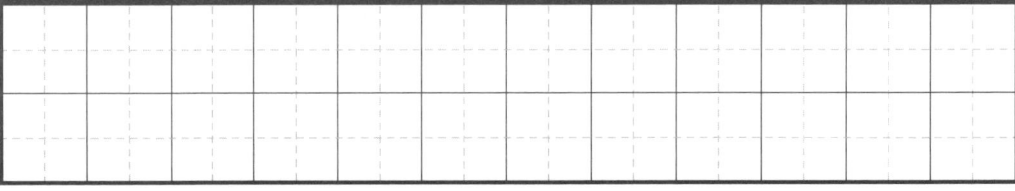

子曰 剛毅木訥이 近仁이니라
자왈 강의목눌 근인

공자께서 말씀하셨다.
"강직함과 의연함, 질박함과 어눌함은 인에 가깝다."

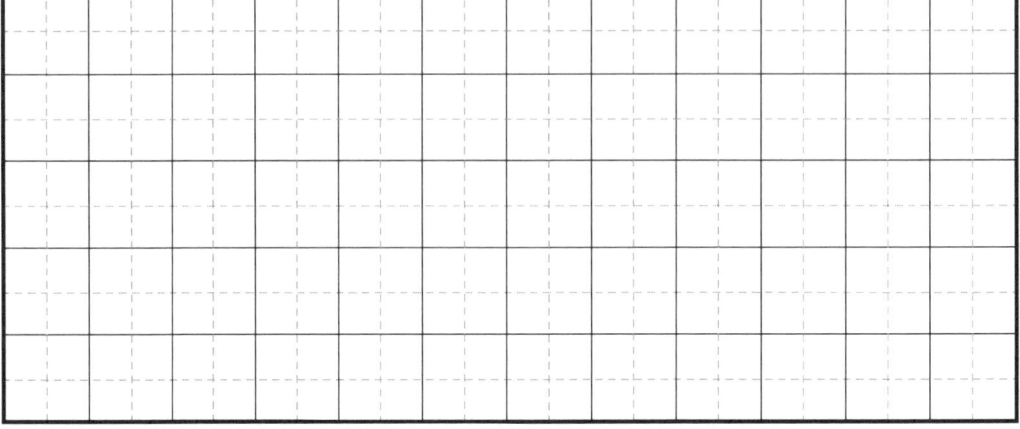

子路問曰 何如라야 斯可謂之士矣잇고
자로문왈 하여 사가위지사의
子曰 切切偲偲하며 怡怡如也면
자왈 절절시시 이이여야
可謂士矣니 朋友엔 切切偲偲요
가위사의 붕우 절절시시
兄弟엔 怡怡니라
형제 이이

자로가 물었다.
"어떻게 하면 가히 선비라고 할 수 있습니까?"
공자께서 말씀하셨다.
"간절히 서로 선을 권하고 간곡히 잘못을 고치도록 애쓰며 화평하고 기쁘면 선비라 할 수 있다. 친구에게는 간절히 서로 선을 권하고 잘못을 고치도록 애를 쓰고 형제 사이에는 화합하며 즐겁게 하라."

子曰 善人이 教民七年이면 亦可以卽戎矣니라
자왈 선인 교민칠년 역가이즉융의

공자께서 말씀하셨다.
"선한 사람이 백성들을 7년 동안 가르친다면, 전쟁에 나가 싸우게 할 수 있다."

子曰 以不教民戰이면 是謂棄之니라
자왈 이불교민전 시위기지

공자께서 말씀하셨다.
"가르치지 않고 백성을 전쟁에 나가도록 하는 것은 곧 그들을 버리는 것이다."

제14편

憲問

헌문

憲이 問恥한대 子曰 邦有道에 穀하며
헌   문치   자왈 방유도   곡

邦無道에 穀이 恥也니라
방무도   곡   치야

원헌이 부끄러움에 대해서 묻자, 공자께서 말씀하셨다.
"나라에 도가 행해지고 있을 때에 녹봉을 받고, 나라에 도가 행해지지 않을 때에도 녹봉을 받는 것은 부끄러운 일이다."

克伐怨欲을 不行焉이면 可以爲仁矣잇가
극벌원욕   불행언   가이위인의

子曰 可以爲難矣어니와 仁則吾不知也로라
자왈 가이위난의   인칙오불지야

"이기기를 좋아하고 자랑하며, 원망하고 욕심 부리는 행동을 하지 않으면 인이라고 할 수 있습니까?"
공자께서 말씀하셨다.
"그렇게 하기가 어렵겠지만 그렇다고 해서 인한지는 나도 알지 못하겠다."

子曰 士而懷居면 不足以爲士矣니라
자왈 사이회거   부족이위사의

공자께서 말씀하셨다.
"선비가 편안히 살기만을 생각한다면 선비라고 할 수가 없다."

子曰 邦有道엔 危言危行하고
자왈 방유도 위언위행

邦無道엔 危行言孫이니라
방무도 위행언손

공자께서 말씀하셨다.
"나라에 도가 있을 때는 말과 행동을 곧게 해야 하지만, 나라에 도가 없을 때는 행동은 곧게 하되 말은 공손해야 한다."

子曰 有德者는 必有言이어니와
자왈 유덕자 필유언

有言者는 不必有德이니라
유언자 불필유덕

仁者는 必有勇이어니와 勇者는 不必有仁이니라
인자 필유용 용자 불필유인

공자께서 말씀하셨다.
"덕이 있는 사람은 반드시 훌륭한 말을 하지만, 훌륭한 말을 하는 사람이라고 해서 반드시 덕이 있는 것은 아니다. 어진 사람은 반드시 용기를 갖고 있지만, 용기가 있다고 해서 반드시 어진 것은 아니다."

南宮适이 問於孔子曰 羿는 善射하고 奡는
남궁괄 문어공자왈 예 선사 오

盪舟호대 俱不得其死어늘 然禹稷은
탕주 구불득기사 연우직

躬稼而有天下하시니이다
궁가이유천하

夫子 不答이러시니 南宮适이 出커늘
부자 부답 남궁괄 출

子曰 君子哉라 若人이여 尙德哉라 若人이여
자왈 군자재 약인 상덕재 약인

남궁괄이 공자에게 물었다.
"예는 활을 잘 쏘고, 오는 배를 끌고 다닐 만큼 힘이 셌지만 모두 제 명에 죽지 못했습니다. 그러나 우와 직은 몸소 농사를 짓고도 천하를 얻지 않았습니까?"
공자가 대답이 없자 남궁괄은 나갔는데 공자께서 말씀하셨다.
"군자로다, 그는! 덕을 숭상하는구나, 그는!"

子曰 君子而不仁者는 有矣夫어니와
자왈 군자이불인자 유의부

未有小人而仁者也니라
미유소인이인자야

공자께서 말씀하셨다.
"군자이면서 어질지 못한 사람은 있어도, 소인이면서 어진 사람은 없다."

子曰 愛之란 能勿勞乎아 忠焉이란 能勿誨乎아
자왈 애지 능물로호 충언 능물회호

공자께서 말씀하셨다.
"진실로 사랑하는데 어찌 노력하게 하지 않을 수 있겠느냐? 진심이라면 깨우쳐 이끌어 주지 않을 수 있겠느냐?"

子曰 爲命에 裨諶이 草創之하고 世叔이
자왈 위명 비침 초창지 세숙

討論之하고 行人子羽修飾之하고
토론지 행인자우수식지

東里子産이 潤色之하니라
동리자산 윤색지

공자께서 말씀하셨다.
"외교문서를 작성할 때 비침이 초안을 작성하면 세숙이 검토하고 행인인 자우가 수정했고 동리 자산이 글을 다듬어 완성하였다."

或이 問子産한대 子曰 惠人也니라 問子西한대
혹   문 자 산   자 왈 혜 인 야   문 자 서

曰 彼哉彼哉여 問管仲한대
왈 피 재 피 재   문 관 중

曰 人也 奪伯氏騈邑三百하여늘 飯疏食하되
왈 인 야 탈 백 씨 병 읍 삼 백   반 소 사

沒齒無怨言하니라
몰 치 무 원 언

어떤 사람이 자산에 대해 묻자, 공자께서 말씀하셨다.
"은혜를 베푸는 사람이다."
자서에 대해 묻자, 공자께서 말씀하셨다.
"그저 그런 사람이다."
관중에 대해 묻자, 공자께서 말씀하셨다.
"인물이다. 관중은 백씨에게서 병읍 300호를 빼앗았지만, 백씨는 거친 밥을 먹으면서도 죽을 때까지 원망하는 말을 하지 않았다."

子曰 貧而無怨은 難하고 富而無驕는 易하니라
자왈 빈이무원 난 부이무교 역

공자께서 말씀하셨다.
"가난하면서 원망하지 않기란 어렵지만 부자이면서 교만하지 않는 것은 쉽다."

子曰 孟公綽이 爲趙魏老則優어니와
자왈 맹공작 위조위로즉우
不可以爲薛大夫니라
불가이위설대부

공자께서 말씀하셨다.
"맹공작은 조씨와 위씨의 가신 우두머리가 되기에는 충분하지만 등나라와 설나라의 대부가 될 수는 없다."

子路問成人한대 子曰 若臧武仲之知와
자로문성인 자왈 약장무중지지
公綽之不欲과 卞莊子之勇과 冉求之藝에
공작지불욕 변장자지용 염구지예
文之以禮樂이면 亦可以爲成人矣니라
문지이례악 역가이위성인의

曰 今之成人者는 何必然이리오 見利思義하며
견리사의
見危授命하며 久要에 不忘平生之言이면
견위수명 구요 불망평생지언
亦可以爲成人矣니라
역가이위성인의

자로가 성인에 대해 묻자, 공자께서 말씀하셨다.
"장무중의 지혜와 공작의 욕심 없는 마음과 변장자의 용맹과 염구의 재능을 갖춘 뒤, 예와 악을 더해 빛낸다면 성인이라고 할 수 있을 것이다."
이어서 말씀하셨다.
"오늘날 성인이 되는 것이 어찌 그렇기만 하겠느냐? 이익을 보면 의로움을 생각하고, 위태로움을 보면 목숨을 바치며, 오래 전에 한 약속을 평생 잊지 않는다면 또한 성인이라 할 수 있다."

子問公叔文子於公明賈曰 信乎 夫子不言
자문공숙문자어공명가왈 신호 부자불언
不笑 不取乎아
불소 불취호
公明賈對曰 以告者過也로소이다
공명가대왈 이고자과야
夫子時然後言이라 人不厭其言하며 樂然後笑라
부자시연후언 인불염기언 낙연후소
人不厭其笑하며 義然後取라 人不厭其取하나니이다
인불염기소 의연후취 인불염기취
子曰 其然가 豈其然乎리오
자왈 기연 기기연호

공자가 공명가에게 공숙문자에 대해 물었다.
"정말 선생께서는 말하지도 않고, 웃지도 않으며, 재물을 취하지도 않는다는 말이지?"
공명가가 대답하였다.
"그렇게 말한 사람이 지나쳤습니다. 선생님께서는 때가 된 뒤에야 말했기 때문에 사람들이 그 말을 싫어하지 않고, 즐거워진 뒤에야 웃기에 사람들이 그 웃음을 싫어하지 않으며, 의로움에 맞은 뒤에야 재물을 취하기에 사람들이 그가 취함을 싫어하지 않습니다."
공자께서 말씀하셨다.
"그렇단 말이지? 어찌 그렇게 할 수가 있단 말이냐?"

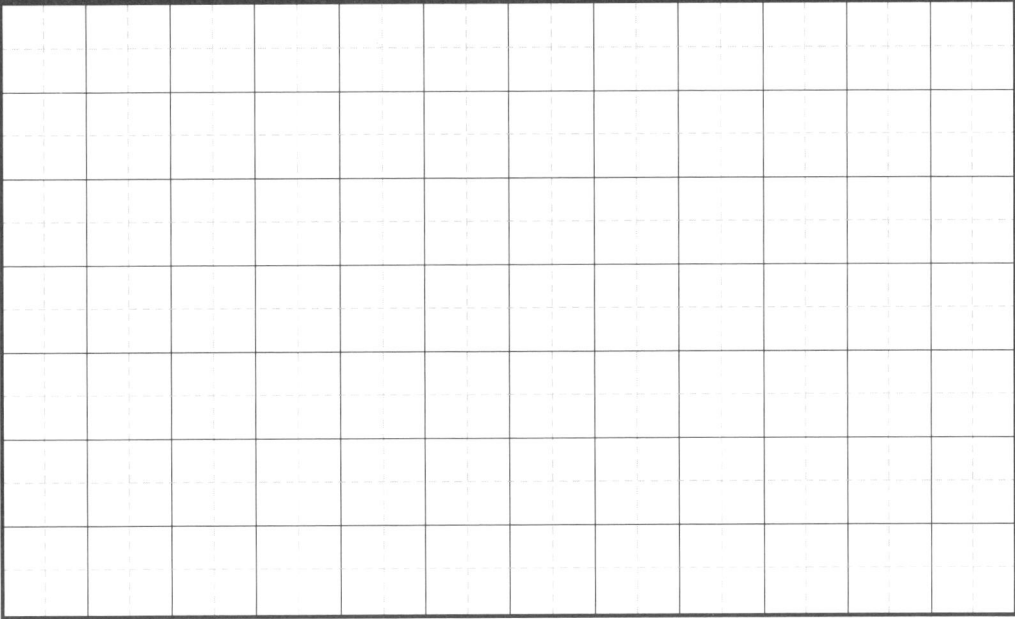

공자께서 말씀하셨다.
"맹공작은 조씨와 위씨의 가신 우두머리가 되기에는 충분하지만 등나라와 설나라의 대부가 될 수는 없다."

子曰 晉文公은 譎而不正하고 齊桓公은
자왈 진문공 휼이부정 제환공
正而不譎하니라
정이불휼

공자께서 말씀하셨다.
"진나라 문공은 권모술수를 잘 쓰고 정도를 따르지 않았지만, 제나라 환공은 정도를 따르고 권모술수를 쓰지 않았다."

子路曰 桓公이 殺公子糾어늘 召忽은 死之하고
자로왈 환공 살공자규 소홀 사지
管仲은 不死하니 曰未仁乎인저
관중 불사 왈미인호
子曰 桓公이 九合諸侯하되 不以兵車는
자왈 환공 구합제후 불이병거
管仲之力也니 如其仁 如其仁이리오
관중지력야 여기인 여기인

자로가 말하였다.
"환공이 공자 규를 죽이자 소홀은 따라 죽었지만 관중은 따르지 않았습니다. 그러니 관중은 어질다고 말할 수 없습니다."
공자께서 말씀하셨다.
"환공이 아홉 번에 걸쳐 제후를 규합하면서 동맹을 맺되 무력을 사용하지 않은 것은 관중의 힘 때문이다. 누가 그만큼 어질 수 있는가, 누가 그만큼 어질 수 있는가."

子貢曰 管仲은 非仁者與인저 桓公이
자공왈 관중 비인자여 환공

殺公子糾어늘 不能死요 又相之온여
살공자규   불능사 우상지

子曰 管仲이 相桓公霸諸侯하여 一匡天下하니
자왈 관중 상환공패제후   일광천하

民到于今히 受其賜하나니 微管仲이면
민도우금 수기사   미관중

吾其被髮左衽矣러니라 豈若匹夫匹婦之爲諒也하여
오기피발좌임의   기약필부필부지위량야

自經於溝瀆而莫之知也리오
자경어구독이막지지야

자공이 말하였다.
"관중은 어진 사람이 아닙니다. 환공이 공자 규를 죽였는데 따라 죽지 않았고 오히려 환공을 돕기까지 하였습니다."
공자께서 말씀하셨다.
"관중이 환공을 도와 제후들 중에 패자가 되게 하여 천하를 통일하니 백성이 지금껏 그 혜택을 받고 있다. 관중의 공로가 아니었다면 나도 머리를 풀고 옷깃을 왼쪽으로 여미었을 것이다. 어찌 평범한 사내와 여자처럼 사소한 신의를 지키기 위해 스스로 도랑에서 목을 매어 죽어도 알아주는 사람이 없는 것과 같이 하겠는가?"

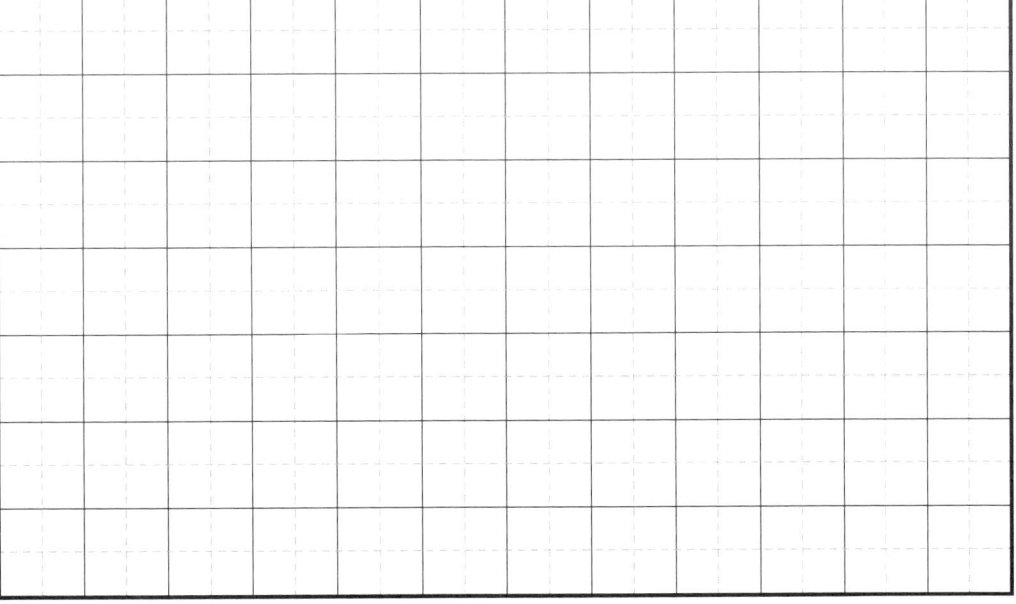

公叔文子之臣大夫僎이 與文子로
공숙문자지신대부선   여문자
同升諸公이러니 子聞之하시고 曰 可以爲文矣로다
동승저공   자문지   왈 가이위문의

공숙문자의 가신인 대부 선이 문자와 함께 조정에 나아가 일을 했다. 공자가 이를 듣고 말씀하셨다.
"가히 시호를 문이라고 할 만하다."

子言衛靈公之無道也러시니 康子曰 夫如是로되
자언위령공지무도야   강자왈 부여시
奚而不喪이니잇고 孔子曰 仲叔圉는 治賓客하고
해이불상   공자왈 중숙어 치빈객
祝鮀는 治宗廟하고 王孫賈는 治軍旅하니
축타 치종묘   왕손가 치군려
夫如是니 奚其喪이리오
부여시 해기상

공자가 위나라 영공의 무도함에 대해 말하자, 강자가 말하였다.
"이와 같은 데 어떻게 그 지위를 잃지 않습니까?"
공자께서 말씀하셨다.
"중숙어가 빈객을 접대하고, 축타는 종묘를 맡고, 왕손가는 군대를 지휘하고 있습니다. 이와 같이 하는 데 어떻게 그 지위를 잃을 수 있겠습니까?"

子曰 其言之不怍이면 則爲之也難하니라
자왈 기언지부작 즉위지야난

공자께서 말씀하셨다.
"자신의 말에 부끄러움을 가지지 않는다면, 그 말을 실천하는 것은 어렵다."

陳成子弑簡公이어늘 孔子沐浴而朝하사
진성자시간공 공자목욕이조

告於哀公曰 陳恒이 弑其君하니 請討之하소서
고어애공왈 진항 시기군 청토지

公曰 告夫三子하라 孔子曰 以吾從大夫之後라
공왈 고부삼자 공자왈 이오종대부지후

不敢不告也호니 君曰 告夫三子者온여
불감불고야 군왈 고부삼자자

之三子하여 告하신대 不可라 하여늘
지삼자 고 불가

孔子曰 以吾從大夫之後라 不敢不告也니라
공자왈 이오종부대지후 불감불고야

진성자가 간공을 시해하자 공자가 목욕재계하고 입조하여 애공에게 고했다.
"진항이 자기 군주를 시해하였으니 토벌할 것을 청합니다."
애공이 말하였다.
"저 세 사람에게 말해 보시오."
공자께서 말씀하셨다.
"제가 대부의 뒤를 따랐기 때문에 감히 고하지 않을 수 없었는데 군주께서는 '저 사람에게 말하라' 고 하시는군요."
공자가 세 사람에게 가서 말했는데 불가하다고 했다. 공자께서 말씀하셨다.
"나는 대부의 뒤를 따랐기 때문에 감히 고하지 않을 수 없었다."

자로가 군주 섬기는 방법에 대해 묻자, 공자께서 말씀하셨다.
"속이지 말고, 강직하게 간해야 한다."

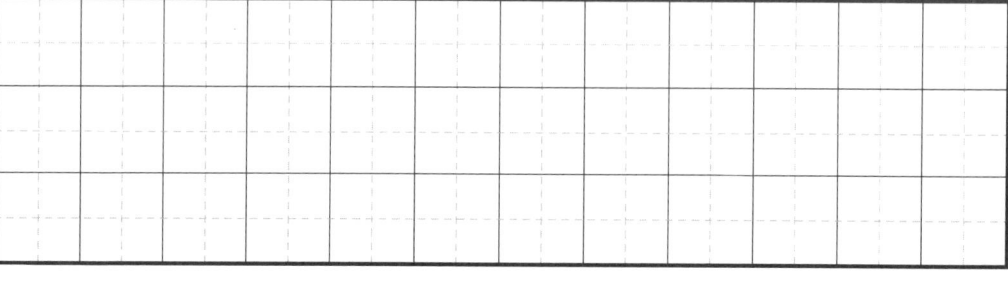

공자께서 말씀하셨다.
"군자는 위로 통하고, 소인은 아래로 통한다."

子曰 古之學者는 爲己러니
자왈 고지학자 위기

今之學者는 爲人이로다
금지학자 위인

공자께서 말씀하셨다.
"옛날의 학자들은 자기 자신을 위해 공부했는데 오늘날의 학자들은 남에게 인정받기 위해 공부한다."

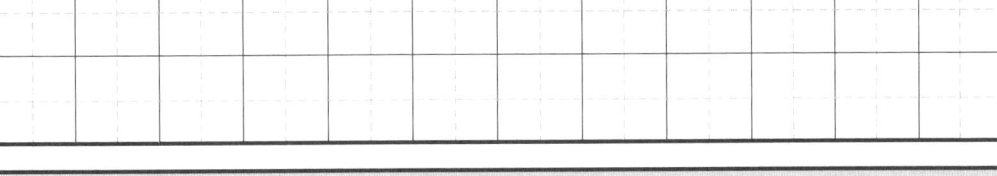

蘧伯玉이 使人於孔子어늘
거백옥 사인어공자

孔子與之坐而問焉曰 夫子는 何爲오
공자여지좌이문언왈 부자 하위

對曰 夫子欲寡其過 而未能也니이다
대왈 부자욕과기과 이미능야

使者出커늘 子曰 使乎使乎여
사자출 자왈 사호사호

거백옥이 공자에게 사람을 보내자, 공자가 그와 같이 앉아 물었다.
"대부께서는 요즘 어떻게 지내시는가?"
그 사람이 대답하였다.
"대부께서는 허물을 줄이고자 애쓰시는데 아직 잘 되지 않는 것 같습니다."
사자가 나가자 공자께서 말씀하셨다.
"훌륭한 사자구나. 훌륭한 사자구나!"

子曰 不在其位하여는 不謀其政이니라
자왈 부재기위　　　　불모기정

공자께서 말씀하셨다.
"그 지위에 있지 않은 사람은 그 정사를 꾀하지 않아야 한다."

曾子曰 君子는 思不出其位니라
증자왈 군자　　사불출기위

증자가 말하였다.
"군자는 생각하는 바가 그 지위를 벗어나지 않는다."

子曰 君子는 恥其言而過其行이니라
자왈 군자　　치기언이과기행

공자께서 말씀하셨다.
"군자는 말이 행동보다 앞서는 것을 부끄럽게 여긴다."

子曰 君子道者三에 我無能焉호니
자왈 군자도삼자 아무능언

仁者는 不憂하고 知者는 不惑하고 勇者는 不懼니라
인자 불우 지자 불혹 용자 불구

子貢曰 夫子自道也샷다
자공왈 부자자도야

공자께서 말씀하셨다.
"군자의 도에는 세 가지가 있는데 나는 그중에 잘하는 것이 없다. 어진 사람은 근심하지 않고 지혜로운 사람은 현혹되지 않고 용감한 사람은 두려워하지 않는다."
자공이 말하였다.
"선생님께서는 스스로에게 말씀하신 것이다."

子貢이 方人하더니 子曰
자공 방인 자왈

賜也는 賢乎哉아 夫我則不暇로라
사야 현호재 부아즉불가

자공이 사람을 비교하였는데, 공자께서 말씀하셨다.
"사는 현명한가 보구나. 나는 그럴 겨를이 없다."

子曰 不患人之不己知요 患其不能也니라
자왈 불환인지불기지 환기불능야

공자께서 말씀하셨다.
"남이 나를 알아주지 않는다고 걱정하지 말고, 자신의 능력 없음을 걱정해야 한다."

子曰 不逆詐하며 不億不信이나
자왈 불역사 불억불신
抑亦先覺者是賢乎인저
억역선각자시현호

공자께서 말씀하셨다.
"남이 나를 속이지 않을까 생각하지 말고, 남이 나를 믿지 않을까 걱정하지도 말라. 그러나 남보다 먼저 깨닫는 사람이 현명한 사람이다."

微生畝 謂孔子曰 丘는 何爲是栖栖者與오
미생무 위공자왈 구 하위시서서자여
無乃爲佞乎아 孔子曰 非敢爲佞也라 疾固也니라
무내위녕호 공자왈 비감위녕야 질고야

미생무가 공자에게 말하였다.
"구는 어찌 이렇게 바쁜가? 말만 잘하는 사람이 아닌가?"
공자께서 말씀하셨다.
"감히 말 잘하는 것은 바라지도 않습니다. 고지식한 것을 싫어할 뿐입니다."

子曰 驥는 不稱其力이라 稱其德也니라
자왈 기 불칭기력 칭기덕야

공자께서 말씀하셨다.
"천리마는 그 힘을 일컫는 것이 아니라 그 덕을 일컫는 것이다."

或曰 以德報怨이 何如하니잇고
혹왈 이덕보원 하여
子曰 何以報德고 以直報怨이요 以德報德이니라
자왈 하이보덕 이직보원 이덕보덕

어떤 사람이 말하였다.
"덕으로 원한을 갚는 것은 어떻습니까?"
공자께서 말씀하셨다.
"그러면 은덕은 무엇으로 갚는단 말인가? 원한은 정의로써 갚고, 은덕은 은덕으로 갚아야 한다."

子曰 莫我知也夫인저
자왈 막아지야부

子貢曰 何爲其莫知子也잇고
자공왈 하위기막지자야

子曰 不怨天하며 不尤人이요
자왈 불원천 불우인

下學而上達하노니 知我者는 其天乎인저
하학이상달 지아자 기천호

공자께서 말씀하셨다.
"아무도 나를 알아주지 않는구나."
자공이 말하였다.
"어찌 선생님을 알아주지 않는다고 하십니까?"
공자께서 말씀하셨다.
"하늘을 원망하지 않고, 남을 탓하지 않으며, 아래로는 인간의 사리를 배우고, 위로는 하늘의 도리에 통하니 나를 진정 알아주는 것은 바로 저 하늘뿐이다."

公伯寮 愬子路於季孫이어늘 子服景伯이
공백료 소자로어계손 자복경백

以告曰 夫子固有惑志於公伯寮하나니
이고왈 부자고유혹지어공백료

吾力이 猶能肆諸市朝니이다
오력 유능사저시조

子曰 道之將行也與도 命也며
자왈 도지장행야여 명야

道之將廢也與도 命也니 公佰寮其如命何리오
도지장폐야도 명야 공백료기여명하

공백료가 계손에게 자로를 참소하니 자복경백이 공자에게 고하여 말하였다.
"계손씨는 진실로 공백료에게 미혹되었습니다. 내 능력이면 오히려 공백료를 죽여 그 시체를 저잣거리나 조정에 내걸 수 있습니다."
공자께서 말씀하셨다.
"도가 장차 행해지는 것도 천명이고, 도가 장차 실행되지 못하는 것도 천명이니 공백료가 그 천명을 어찌할 수 있단 말이냐?"

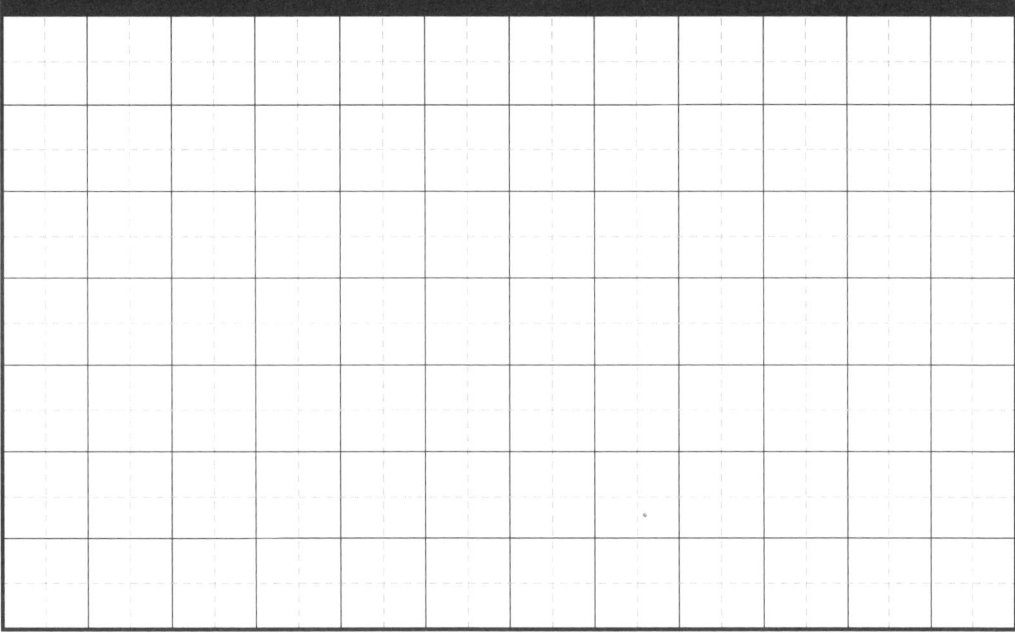

공자께서 말씀하셨다.
"현명한 사람은 도가 행해지지 않는 어지러운 세상을 피하고, 그 다음 가는 사람은 어지러운 나라를 피하고, 그 다음 가는 사람은 무례한 사람을 피하고, 그 다음 가는 사람은 그릇된 말을 피한다."
공자께서 말씀하셨다.
"이렇게 실천한 사람이 일곱이었다."

子路宿於石門이러니 晨門曰 奚自오
자로숙어석문　　　　신문왈　해자

子路曰 自孔氏로라
자로왈　자공씨

曰 是知其不可而爲之者與아
왈　시지기불가이위지자여

자로가 석문에서 자는데 새벽에 성문을 여는 문지기가 말하였다.
"어디서 오는 길이오?"
자로가 말하였다.
"공씨 댁에서 오는 길입니다."
문지기가 말하였다.
"불가능한 줄 알면서 하려고 애쓰는 그 사람 말입니까?"

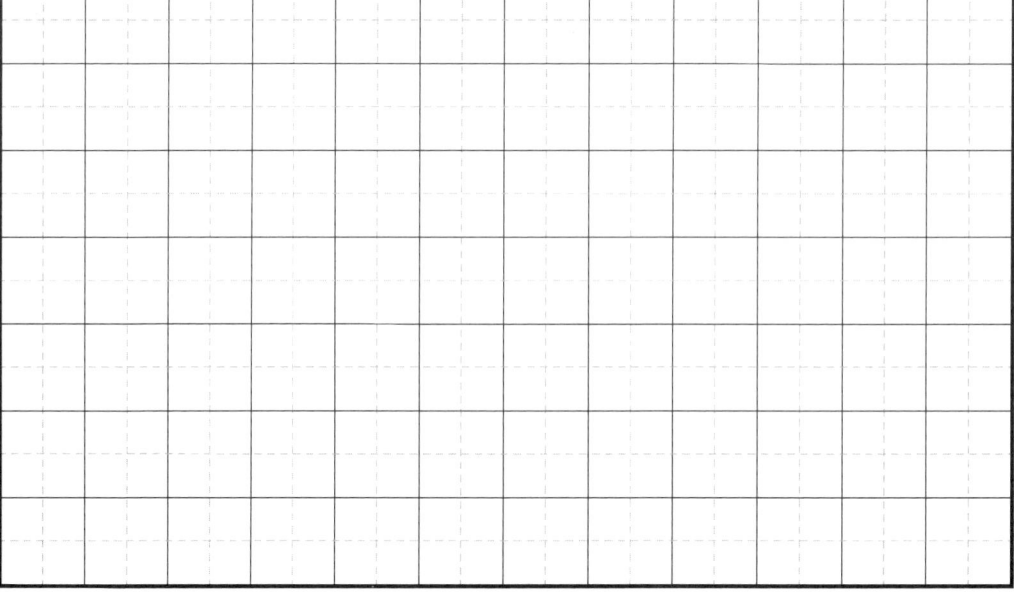

子擊磬 於衛러시니
자 격 경 어 위

有荷蕢而過孔氏之門者曰 有心哉라 擊磬乎여
유 하 케 이 과 공 씨 지 문 자 왈 유 심 재   격 경 호

旣而曰 鄙哉라 硜硜乎여 莫己知也어든
기 이 왈 비 재   갱 갱 호   막 기 지 야

斯已而已矣니 深則厲요 淺則揭니라
사 이 이 이 의   심 즉 려   천 즉 게

子曰 果哉라 末之難矣니라
자 왈 과 재   말 지 난 의

공자가 위나라에서 경쇠라는 악기를 치고 있는데 삼태기를 메고 공씨의 문 앞을 지나가던 사람이 말하였다.
"마음이 천하에 있구나. 경쇠를 치는 걸 보니."
조금 있다가 다시 말했다.
"답답하구나, 경쇠의 단단한 소리가! 자신을 알아주지 않으면 그만두면 될 뿐이다. 물이 깊으면 옷을 벗고 건너고, 물이 얕으면 옷을 조금 걷고 건너야 한다."
공자께서 말씀하셨다.
"그러하구나. 그렇게 산다면 어려움이 없을 것이다."

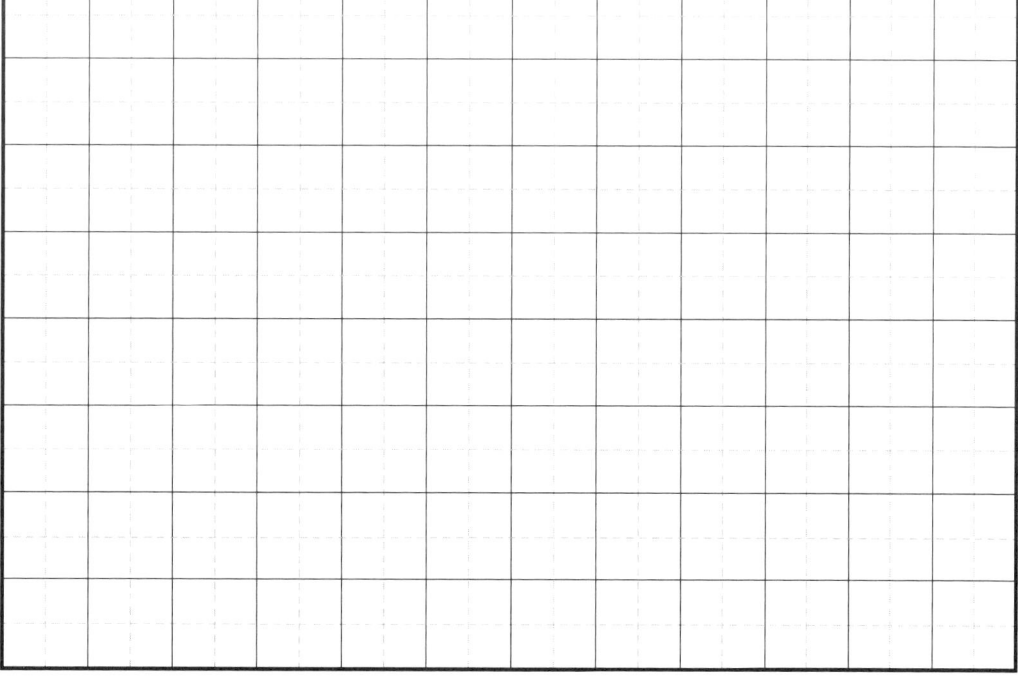

子張曰 書云 高宗이 諒陰三年을
자장왈 서운 고종 양음삼년
不言이라 하니 何謂也잇고 子曰 何必高宗이리오
불언 하위야 자왈 하필고종
古之人이 皆然하니 君薨이어든 百官이 總己하여
고지인 개연 군훙 백관 총기
以聽於冢宰三年하니라
이청어총재삼년

자장이 말하였다.
"『서경』에 이르기를 '고종이 양음에서 3년을 거상하는 동안 말을 하지 않았다'고 하는데 무슨 뜻입니까?"
공자께서 말씀하셨다.
"어찌 고종만 그렇게 했겠는가. 옛사람이 다 그러했으니, 군주가 돌아가시면 모든 관리는 3년 동안 자신의 일을 총괄하고 새 군주를 대신해서 총재의 지휘를 따랐다."

子曰 上好禮則民易使也니라
자왈 상호례즉민이사야

공자께서 말씀하셨다.
"윗사람이 예를 좋아하면 백성을 부리기 쉽다."

子路問君子한대 子曰 修己以敬이니라
자로문군자　　자왈　수기이경

曰 如斯而已乎잇가 曰 修己以安人이니라
왈 여사이이호　　왈　수기이안인

曰 如斯而已乎잇가 曰 修己以安百姓이니
왈 여사이이호　　왈　수기이안백성

修己以安百姓은 堯舜도 其猶病諸시니라
수기이안백성　　요순　기유병제

자로가 군자에 대하여 묻자, 공자께서 말씀하셨다.
"자기를 수양하여 공경스러워져야 한다."
자로가 말하였다.
"그렇게만 하면 됩니까?"
공자께서 말씀하셨다.
"자기를 수양하고 다른 사람들을 편안케 해주어야 한다."
자로가 말하였다.
"그렇게만 하면 됩니까?"
공자께서 말씀하셨다.
"자기를 수양하여 백성들을 편안케 해주어야 한다. 자기를 수양하여 백성들을 편안케 해주는 것은 요임금과 순임금도 오히려 어려워했던 일이다."

原壤이 夷俟러니 子曰 幼而不孫弟하며
원양   이사   자왈 유이불손제

長而無述焉이오
장이무술언

老而不死가 是爲賊이라 하시고 以杖叩其脛하시다
노이불사   시위적   이장고기경

원양이 걸터앉아서 맞이하자, 공자께서 말씀하셨다.
"어려서는 공손하지 않고, 커서는 칭찬받을 만한 일을 한 적이 없고, 늙어서도 죽지 않고 해를 끼치니 이는 도둑놈과 같다."
이렇게 말하고 지팡이로 그의 정강이를 쳤다.

闕黨童子將命이어늘 或이 問之曰 益者與잇가
궐당동자장명   혹   문지왈 익자여

子曰 吾見其居於位也하며
자왈 오견기거어위야

見其與先生並行也하니 非求益者也라
견기여선생병행야   비구익자야

欲速成者也니라
욕속성자야

궐 마을의 동자가 심부름을 하고 있었는데, 어떤 사람이 물었다.
"학문에 진전이 있는 아이입니까?
공자께서 말씀하셨다.
"내가 보니 그 자리에 앉았고, 그가 윗사람과 나란히 걸어가는 것을 보니 학문에 진전을 구하는 아이가 아니라 빨리 이루고자 하는 아이다."

제15편

衛靈公

위령공

衛靈公이 問陣於孔子한대
위령공   문진어공자

孔子對曰 俎豆之事는 則嘗聞之矣어니와
공자대왈 조두지사   즉상문지의

軍旅之事는 未之學也라 하시고 明日遂行하시다
군려지사   미지학야   명일수행

在陳絶糧하니 從者病하여 莫能興이러니
재 진 절 량   종 자 병   막 능 흥

子路慍見曰 君子亦有窮乎잇가
자로온현왈 군자역유궁호

子曰 君子는 固窮이니 小人은 窮斯濫矣니라
자왈 군자 고궁   소인 궁사람의

위나라 영공이 진법에 대하여 묻자, 공자께서 대답하셨다.
"나는 제기를 다루는 일이라면 일찍이 들어서 알지만, 군사에 대해서는 배운 적이 없습니다."
다음날 위나라를 떠나 진나라에 이르러 양식이 떨어지자 따르는 자들은 몹시 지쳐서 일어설 수도 없었다. 자로가 화가 나서 공자께 말하였다.
"군자도 곤궁에 처할 경우가 있습니까?"
공자께서 말씀하셨다.
"군자는 곤궁에 처해도 굳건히 견디지만 소인은 곤궁하면 못하는 짓이 없다."

子曰 賜也아 女以予爲多學而識之者與아
자왈 사야   여이여위다학이식지자여

對曰 然하니다 非與잇가 曰 非也라 予一以貫之니라
대왈 연   비여   왈 비야   여일이관지

공자께서 말씀하셨다.
"사야, 너는 내가 많이 배워서 그것들을 기억하는 사람이라고 생각하느냐?"
자공이 대답하였다.
"그렇습니다. 그런 것이 아닙니까?"
공자께서 말씀하셨다.
"아니다. 나는 하나의 이치로 모든 것을 꿰뚫을 뿐이다."

子曰 由아 知德者鮮矣니라
자왈 유 지덕자선의

공자께서 말씀하셨다.
"유야, 덕을 아는 사람이 드물구나."

子曰 無爲而治者는 其舜也與신저 夫何爲哉시리오
자왈 무위이치자 기순야여   부하위재
恭己正南面而已矣시리라
공기정남면이이의

공자께서 말씀하셨다.
"애쓰지 않고도 천하를 다스린 사람은 순임금이었다. 무엇을 하셨을까? 몸가짐을 삼가고 바르게 임금의 자리를 지키고 있었을 뿐이다."

子張이 問行한대 子曰 言忠信하며 行篤敬이면
자장   문행   자왈 언충신   행독경

雖蠻貊之邦이라도 行矣어니와 言不忠信하며
수만맥지방   행의   언불충신

行不篤敬이면 雖州里니 行乎哉아
행불독경   수주리   행호재

立則見其參於前也요
입즉견기참어전야

在輿則見其倚於衡也니
재여즉견기의어형야

夫然後行이니라 子張이 書諸紳하니라
부연후행   자장   서저신

자장이 어디에서나 통할 수 있는 행실에 대해서 묻자, 공자께서 말씀하셨다.
"말이 진실되고 믿음직하며, 행동이 독실하고 공경스러우면 비록 오랑캐의 나라에서라도 통할 수 있을 것이다. 말이 진실되고 믿음직스럽지 못하며 행동이 독실하고 공경스럽지 않다면, 비록 고향이라 할지라도 통할 수 있겠느냐? 서 있을 때는 그 말이 눈앞에서 보이는 듯하고, 수레에 탔을 때는 그 말이 멍에에 기대고 있음을 볼 수 있어야 한다. 그렇게 된 이후에 통할 수 있다."
자장이 그 말을 허리띠에 적어두었다.

子曰 直哉라 史魚여 邦有道에 如矢하며
자왈 직재 사어 방유도 여시

邦無道에 如矢로다 君子哉라 蘧伯玉이여
방무도 여시 군자재 거백옥

邦有道則仕하고 邦無道則可卷而懷之로다
방유도즉사 방무도즉가권이회지

공자께서 말씀하셨다.
"강직하구나 사어여! 나라에 도가 행해질 때도 화살처럼 곧았고, 나라에 도가 행해지지 않을 때도 화살처럼 곧구나. 군자로다, 거백옥이여! 나라에 도가 있으면 나아가 벼슬을 하고, 나라에 도가 없으면 뜻을 거두어 가슴 깊이 숨기는구나!"

子曰 可與言而不與之言이면 失人이요
자왈 가여언이불여지언 실인

不可與言而與之言이면 失言이니
불가여언이여지언 실언

知者는 不失人하며 亦不失言이니라
지자 불실인 역불실언

공자께서 말씀하셨다.
"더불어 이야기할 만한 사람인데도 이야기하지 않는다면 사람을 잃게 되고, 함께 이야기할 수 없는 사람인데도 이야기하는 것은 말을 잃게 된다. 지혜로운 사람은 사람도 잃지 않고 말도 잃지 않는다."

子曰 志士仁人은 無求生以害仁이요
자왈 지사인인 무구생이해인

有殺身以成仁이니라
유살신이성인

공자께서 말씀하셨다.
"높은 뜻을 지닌 선비와 어진 사람은 삶에 연연하여 인을 손상시키지 않으며 자신을 희생해서라도 인을 이룬다."

子貢이 問爲仁한대 子曰 工欲善其事인댄
자공   문위인   자왈 공욕선기사

必先利其器니 居是邦也하여
필선리기기   거시방야

事其大夫之賢者하며 友其士之仁者니라
사기대부지현자   우기사지인자

자공이 인을 행하는 방법을 묻자, 공자께서 말씀하셨다.
"장인이 일을 잘 하려면 반드시 먼저 연장을 잘 손질해야 하듯이 어떤 나라에 살든 그 나라의 대부들 가운데 현명한 사람을 섬기고, 그 나라의 선비들 중에서 어진 사람을 벗해야 한다."

顏淵이 問爲邦한대 子曰 行夏之時하며
안연 문위방 자왈 행하지시
乘殷之輅하며 服周之冕하며 樂則韶舞요
승은지로 복주지면 악즉소무
放鄭聲하며 遠佞人이니
방정성 원녕인
鄭聲은 淫하고 佞人은 殆니라
정성 음 녕인 태

안연이 나라를 다스리는 방법에 대해 질문하자, 공자께서 말씀하셨다.
"하나라의 역법을 쓰고 은나라의 수레를 타며 주나라 면류관을 쓰고 음악은 소무를 쓰고 정나라의 소리를 금지하고 아첨하는 사람을 멀리하라. 정나라의 소리는 음란하고 아첨하는 사람은 위험하다."

子曰 人無遠慮면 必有近憂니라
자왈 인무원려 필유근우

공자께서 말씀하셨다.
"멀리 내다보고 생각하지 않으면 반드시 가까운 시일에 근심이 생긴다."

子曰 已矣乎라 吾未見好德을 如好色者也로다
자왈 이의호 오미견호덕 여호색자야

공자께서 말씀하셨다.
"그만둘까 보다. 나는 덕을 좋아하는 것을 여색을 좋아하는 것처럼 하는 자를 보지 못하였다."

子曰 臧文仲은 其竊位者與인저
자왈 장문중 기절위자여
知柳下惠之賢 而不與立也로다
지유하혜지현 이불여립야

공자께서 말씀하셨다.
"장문중은 그 지위를 훔친 사람이다. 유하혜의 현명함을 알고도 조정에 같이 서지 않았다."

子曰 躬自厚而薄責於人이면 則遠怨矣니라
자왈 궁자후이박책어인 즉원원의

공자께서 말씀하셨다.
"자신의 잘못을 무겁게 책망하고 남은 가볍게 꾸짖으면 원망이 멀어질 것이다."

子曰 不曰如之何如之何者는
자왈 불왈여지하여지하자

吾末如之何也已矣니라
오 말여지하야이의

공자께서 말씀하셨다.
"'어떻게 하면 좋을까, 어떻게 하면 좋을까'라고 걱정조차 하지 않는 사람은 나도 어떻게 해야 될지 모르겠다."

子曰 群居終日에 言不及義요
자왈 군거종일 언불급의

好行小慧면 難矣哉라
호행소혜 난의재

공자께서 말씀하셨다.
"하루 종일 모여 있으면서 말은 의로운 일을 언급하지 않고, 작은 재주를 자랑하는 것만 즐긴다면 무엇을 이루기 어렵다."

子曰 君子는 義以爲質이요 禮以行之하며
자왈 군자 의이위질 예이행지

孫以出之하며 信以成之하나니 君子哉라
손이출지 신이성지 군자재

공자께서 말씀하셨다.
"군자는 의를 바탕으로 삼고 예로써 실행하며, 겸손하게 그것을 드러내며, 신의로써 이루어야 한다. 이래야 군자로다."

子曰 君子는 病無能焉이오
자왈 군자 병무능언
不病人之不己知也니라
불병인지불기지야

공자께서 말씀하셨다.
"군자는 자신의 무능을 걱정할 뿐, 다른 사람이 자기를 알아주지 않음을 걱정하지 않는다."

子曰 君子는 疾沒世而名不稱焉이니라
자왈 군자 질몰세이명불칭언

공자께서 말씀하셨다.
"군자는 죽을 때까지도 이름이 칭송받지 못함을 근심한다."

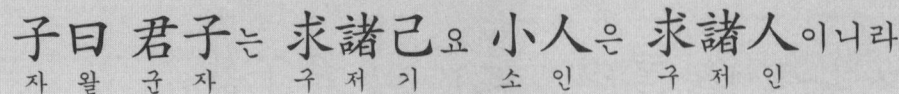
子曰 君子는 求諸己요 小人은 求諸人이니라
자왈 군자 구저기 소인 구저인

공자께서 말씀하셨다.
"군자는 자기 자신에게서 잘못을 찾고 소인은 남에게서 잘못을 찾는다."

子曰 君子는 矜而不爭하고 群而不黨이니라
자왈 군자 긍이부쟁 군이부당

공자께서 말씀하셨다.
"군자는 자긍심이 있지만 다투지 않고 무리를 이루지만 편을 가르지 않는다."

子曰 君子는 不以言擧人하며 不以人廢言이니라
자왈 군자 불이언거인 불이인폐언

공자께서 말씀하셨다.
"군자는 말만 듣고 사람을 등용하지 않으며, 사람만 보고서 말까지 버리지는 않는다."

子貢이 問曰 有一言而可以終身行之者乎잇가
자공 문왈 유일언이가이종신행지자호
子曰 其恕乎인저 己所不欲을 勿施於人이니라
자왈 기서호 기소불욕 물시어인

자공이 물었다.
"한마디 말로 평생토록 지켜나갈 만한 것이 있습니까?"
공자께서 말씀하셨다.
"그것은 서일 것이다. 자기가 원하지 않는 것을 남에게 행하지 말라."

子曰 吾之於人也에 誰毁誰譽리오
자왈 오지어인야 수훼수예
如有所譽者면 其有所試矣니라
여유소예자 기유소시의
斯民也는 三代之所以直道而行也니라
사민야 삼대지소이직도이행야

공자께서 말씀하셨다.
"내가 사람에 대하여 누구를 헐뜯고 누구를 칭찬하겠는가? 만일 칭찬하는 바가 있다면 그것은 시험하는 바가 있어서이다. 이러한 백성은 삼대의 곧은 도로써 다스려온 사람들이다."

子曰 吾猶及史之闕文也와
자왈 오유급사지궐문야
有馬者借人乘之러니 今亡矣夫인저
유마자차인승지 금무의부

공자께서 말씀하셨다.
"나는 아직도 역사서에서 궐문을 볼 수 있으니 말을 가진 사람이 다른 사람에게 빌려주어 타게 했는데 지금은 그런 사람이 없구나."

子曰 巧言은 亂德이요 小不忍則亂大謀니라
자왈 교언 난덕   소불인즉란대모

공자께서 말씀하셨다.
"교묘한 말은 덕을 어지럽히고, 작은 일을 참지 못하면 큰일을 망치게 된다."

子曰 衆惡之라도 必察焉하며
자왈 중오지   필찰언

衆好之라도 必察焉이니라
중호지   필찰언

공자께서 말씀하셨다.
"여러 사람들이 그를 미워하여도 반드시 살펴보아야 하고, 여러 사람들이 그를 좋아하여도 반드시 살펴보아야 한다."

子曰 人能弘道요 非道弘人이니라
자왈 인능홍도   비도홍인

공자께서 말씀하셨다.
"사람이 도를 넓히는 것이지, 도가 사람을 넓히는 것이 아니다."

子曰 過而不改를 是謂過矣니라
자왈 과이불개 시위과의

공자께서 말씀하셨다.
"잘못이 있어도 고치지 않는 것, 이것을 잘못이라고 한다."

子曰 吾嘗終日不食하고 終夜不寢하여
자왈 오상종일불식 종야불침
以思하니 無益이라 不如學也로다
이사 무익 불여학야

공자께서 말씀하셨다.
"나는 종일토록 먹지 않고 밤새도록 자지 않으면서 사색을 해보았지만, 유익함이 없었고 배우는 것만 못하였다."

子曰 君子는 謀道요 不謀食하나니
자왈 군자 모도 불모식
耕也에 餒在其中矣요 學也에 祿在其中矣니
경야 뇌재기중의 학야 녹재기중의
君子는 憂道요 不憂貧이니라
군자 우도 불우빈

공자께서 말씀하셨다.
"군자는 도를 추구할 뿐 먹을 것을 추구하지 않는다. 농사를 지어도 더러는 굶주릴 수 있지만, 학문을 하면 벼슬길에 나아가 녹을 얻을 수 있다. 군자는 도를 걱정하되 가난을 걱정하지 않는다."

子曰 知及之라도 仁不能守之면 雖得之나
자왈 지급지   인불능수지   수득지
必失之니라 知及之하며 仁能守之라도
필실지   지급지   인능수지
不莊以涖之면 則民不敬이니라
부장이리지   즉민불경
知及之하며 仁能守之하며 莊以涖之라도
지급지   인능수지   장이리지
動之不以禮면 未善也니라
동지불이례   미선야

공자께서 말씀하셨다.
"지혜가 수준급이라 해도 인으로써 지키지 않으면 반드시 잃고 말 것이다. 지혜가 그것에 미치며 인으로 그것을 지켜낸다 할지라도, 엄숙한 자세로 임하지 않으면 백성들이 존경하지 않을 것이다. 지혜가 그것에 미치고 인으로써 그것을 지키며 엄숙한 자세로 임하더라도, 백성들을 예로써 고무시키지 않는다면 선한 것이라 할 수 없다."

子曰 君子는 不可小知而可大受也요
자왈 군자 불가소지이가대수야

小人은 不可大受而可小知也니라
소인   불가대수이가소지야

공자께서 말씀하셨다.
"군자는 작은 일은 잘 못해도 큰일은 맡아 할 수 있고, 소인은 큰일은 감당하지 못해도 작은 일은 잘할 수 있다."

子曰 民之於仁也에 甚於水火하니
자왈 민지어인야 심어수화

水火는 吾見蹈而死者矣어니와
수화   오견도이사자의

未見蹈仁而死者也로라
미견도인이사자야

공자께서 말씀하셨다.
"백성들에게 인은 물과 불보다 더 심하다. 물과 불이라면 나는 뛰어들어 죽은 사람은 보았지만 인에 뛰어들어 죽은 사람은 보지 못하였다."

子曰 當仁하여는 不讓於師니라
자왈 당인   불양어사

공자께서 말씀하셨다.
"인을 실천에 옮길 때는 스승에게도 양보하지 말아야 한다."

子曰 君子는 貞而不諒이니라
자왈 군자   정이불량

공자께서 말씀하셨다.
"군자는 곧고 바르지만 사소한 신의에 얽매이지 않는다."

子曰 事君하되 敬其事而後其食이니라
자왈 사군   경기사이후기식

공자께서 말씀하셨다.
"군주를 섬길 때 직무를 소중하게 여기면서 일하고 녹봉은 뒤로 미루어야 한다."

子曰 有敎면 無類니라
자왈 유교 무류

공자께서 말씀하셨다.
"가르침에는 차별이 없어야 한다."

子曰 道不同이면 不相爲謀니라
자왈 도부동 불상위모

공자께서 말씀하셨다.
"길이 다르면 함께 일을 도모하지 말라."

子曰 辭는 達而已矣니라
자왈 사 달이이의

공자께서 말씀하셨다.
"말은 통하기만 하면 된다."

師冕이 見할새 及階어늘 子曰 階也라 하시고
사면 현 급계 자왈 계야

及席이어늘 子曰 席也라 하시고 皆坐어늘
급석 자왈 석야 개좌

子告之曰 某在斯 某在斯라 하시다
자고지왈 모재사 모재사

師冕이 出커늘 子張이 問曰 與師言之道與잇가
사면 출 자장 문왈 여사언지도여

子曰 然하다 固相師之道也니라
자왈 연 고상사지도야

악사인 소경 면이 공자를 찾아와 뵙자, 그가 섬돌에 이르면 공자가 "층계요." 라 하고, 그가 자리 앞에 오면, 공자가 "자리요."라 하고, 그가 자리 잡고 앉으면, 공자가 "아무개는 여기 있고, 아무개는 저기 있소."라고 말씀하셨다.
악사 면이 물러간 다음에 자장이 물었다.
"소경인 악사에게 말하는 도가 있습니까?"
공자께서 말씀하셨다.
"그렇다. 그렇게 하는 것이 본래 소경인 악사를 돕는 도이다."

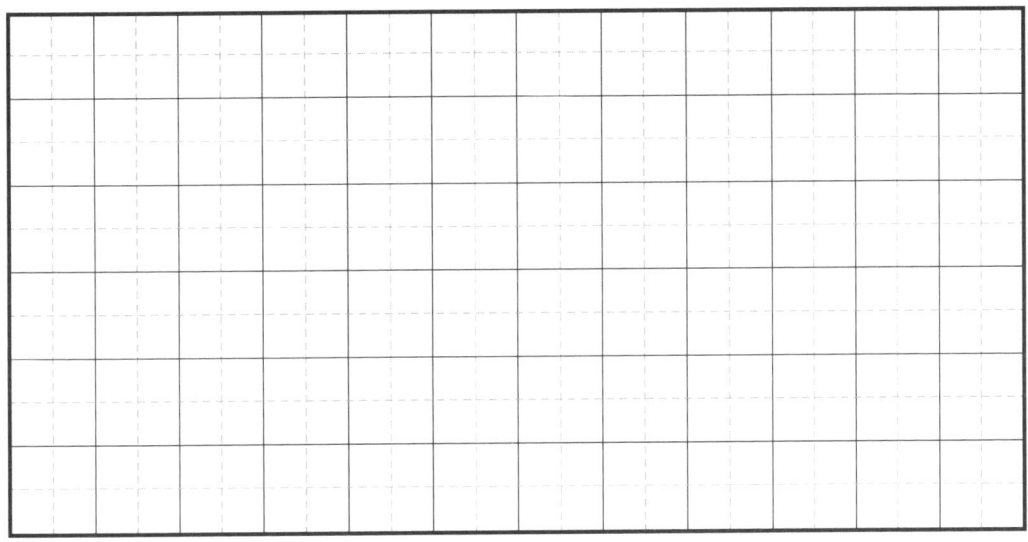

제16편
季氏
계씨

季氏將伐顓臾러니
계씨장벌전유
冉有季路 見於孔子曰 季氏將有事於顓臾리이다
염유계로 현어공자왈 계씨장유사어전유

계씨가 전유를 정벌하려고 하자, 염유와 계로가 공자를 뵙고 말하였다.
"계씨가 장차 전유 땅에서 일을 벌이려 합니다."

孔子曰 求아 無乃爾是過與아 夫顓臾는
공자왈 구 무내이시과여 부전유

昔者에 先王이 以爲東蒙主하시고
석자 선왕 이위동몽주

且在邦域之中矣라 是社稷之臣也니
차재방역지중의 시사직지신야

何以伐爲리오 冉有曰 夫子欲之언정
하이벌위 염유왈 부자욕지

吾二臣者는 皆不欲也로소이다
오 이신자 개불욕야

공자께서 말씀하셨다.
"구야, 이것은 네 잘못이 아니냐? 전유는 예전에 선왕이 동몽산의 제주로 삼으셨고, 또한 노나라 안에 있으니 노나라의 신하인데 어찌하여 정벌하겠는가?"
염유가 말하였다.
"계씨가 하려는 것이지 저희 두 신하가 원하는 바가 아닙니다."

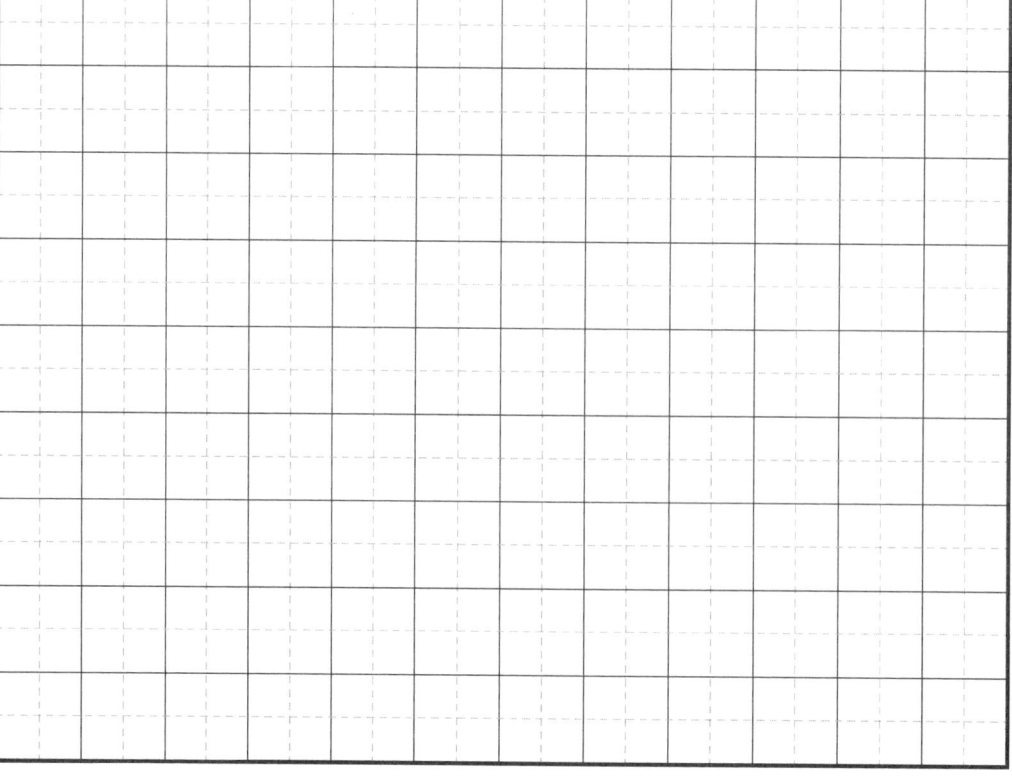

孔子曰 求아 周任이 有言曰 陳力就列하여
공자왈 구 주임   유언왈 진력취열

不能者止라 하니 危而不持하며 顚而不扶면
불능자지   위이부지   전이불부

則將焉用彼相矣리오
즉장언용피상의

且爾言이 過矣로다 虎兕出於柙하여 龜玉이
차이언   과의   호시출어합   구옥

毁於櫝中이 是誰之過與오
훼어독중   시수지과여

공자께서 말씀하셨다.
"구야, 주임이 '온힘을 다하여 직무를 맡아 잘할 수 없는 자는 그만두라'고 말하였다. 위태로운 데도 지켜주지 못하고 넘어지는 데도 붙잡아주지 못한다면 장차 그런 재상을 어디에 쓰겠느냐? 또한 네 말도 잘못되었다. 호랑이와 들소가 우리에서 뛰쳐나오고 거북의 등껍질과 옥이 궤 속에서 훼손되었다면 이것은 누구의 잘못이겠느냐?"

冉有曰 今夫顓臾 固而近於費하니
염유왈 금부전유 고이근어비

今不取면 後世에 必爲子孫憂하리이다
금불취 후세 필위자손우

염유가 말하였다.
"지금의 전유는 견고하면서도 비읍에 가까이 있어 지금 탈취하지 않으면 후세에 반드시 자손의 걱정거리가 될 것입니다."

孔子曰 求아 君子는 疾夫舍曰欲之요
공자왈 구 군자 질부사왈욕지

而必爲之辭니라 丘也聞호니
이필위지사 구야문

有國有家者는 不患寡而患不均하며
유국유가자 불환과이환불균

不患貧而患不安이라 하니 蓋均이면 無貧이요
불환빈이환불안 개균 무빈

和면 無寡요 安이면 無傾이니라
화 무과 안 무경

夫如是故로 遠人이 不服 則脩文德以來之하고
부여시고 원인 불복 즉수문덕이래지

旣來之면 則安之니라 今由與求也는 相夫子하되
기래지 즉안지 금유여구야 상부자

遠人이 不服 而不能來也하며
원인 불복 이불능래야

邦分崩離析 而不能守也하고
방분붕리석 이불능수야

而謀動干戈於邦內하니
이모동간과어방내

吾恐季孫之憂 不在顓臾 而在蕭牆之內也하노라
오공계손지우 부재전유 이재소장지내야

공자께서 말씀하셨다.
"구야, 군자는 자기가 하고자 한다는 사실을 외면하고 구실을 찾아 변명하는 사람들을 싫어한다. 나는 나라를 다스리는 사람이든 가문을 거느린 사람이든 적음을 걱정하기보다는 고르게 분배되지 못함을 걱정하며, 가난보다는 나라의 혼란을 걱정한다고 들었다. 대체로 분배가 고르면 가난하지 않고, 화목하면 백성이 적어지는 일이 없을 것이고, 평안하면 나라가 기울어지지 않을 것이다. 먼 곳의 사람이 복종하지 않으면 어진 정치를 베풀어 그들이 찾아오게 하고, 이미 그들이 왔다면 마음 편히 살 수 있도록 돌봐주어야 할 것이다. 지금 유와 구는 계씨를 돕고 있지만 먼 곳의 사람이 복종하지 않는데 오게 하지도 못하고, 나라가 분열되고 쪼개지는 데도 지키지 못하며, 나라 안에서 전쟁을 일으키려고 도모하니, 나는 계손의 걱정이 전유에 있지 않고 바로 그 집안에 있을까봐 두렵다."

孔子曰 天下有道면 則禮樂征伐이
공자왈 천하유도 즉례악정벌

自天子出하고 天下無道면
자천자출 천하무도

則禮樂征伐이 自諸侯出하나니
즉례악정벌 자제후출

自諸侯出이면 蓋十世에 希不失矣요
자제후출 개십세 희불실의

自大夫出이면 五世에 希不失矣요
자대부출 오세 희불실의

陪臣이 執國命이면 三世에 希不失矣니라
배신 집국명 삼세 희불실의

天下有道면 則政不在大夫하고
천하유도 즉정부재대부

天下有道면 則庶人不議하나니라
천하유도 즉서인불의

공자께서 말씀하셨다.
"천하에 도가 행해지면 예악과 정벌이 천자로부터 나오고, 천하에 도가 행해지지 않으면 예악과 정벌이 제후로부터 나온다. 제후로부터 나오게 되면 대체로 십 대 안에 정권을 잃지 않는 일이 드물고, 그것이 대부로부터 나오게 되면 오 대 안에 정권을 잃지 않는 일이 드물며, 가신이 나라의 대권을 잡으면 삼 대 안에 정권을 잃지 않는 일이 드물다. 천하에 도가 행해지면 정권이 대부에게 있을 리 없고, 천하에 도가 행해지면 뭇 백성들이 정치를 논하지 않는다."

孔子曰 祿之去公室이 五世矣요
공자왈 녹지거공실 오세의
政逮於大夫가 四世矣라
정체어대부 사세의
故로 夫三桓之子孫이 微矣니라
고 부삼환지자손 미의

공자께서 말씀하셨다.
"녹을 주는 권한이 왕실에서 떠난 지가 5대가 되었고, 정권이 대부의 손에 들어간 지가 4대나 되었다. 그러므로 삼환 자손들의 세력이 쇠약해지는 것이다."

孔子曰 益者三友요 損者三友니 友直하며
공자왈 익자삼우 손자삼우 우직

友諒하며 友多聞이면 益矣요
우량 우다문 익의

友便僻하며 友善柔이며 友便佞이면 損矣니라
우편벽 우선유 우편녕 손의

공자께서 말씀하셨다.
"유익한 벗이 셋 있고, 해로운 벗이 셋 있다. 정직한 친구, 성실한 친구, 보고 들을 것이 많은 친구는 유익하다. 외모만 중시하는 친구, 아첨하고 비위를 잘 맞추는 친구, 말만 번지르르하고 아는 것이 없는 친구와 사귀면 해롭다."

孔子曰 益者三樂요 損者三樂니
공자왈 익자삼요 손자삼요

樂節禮樂하며 樂道人之善하며
요절례악 요도인지선

樂多賢友면 益矣요
요다현우 익의

樂驕樂하며 樂佚遊하며 樂宴樂이면 損矣니라
요교락 요일유 요연락 손의

공자께서 말씀하셨다.
"이로운 즐거움이 셋 있고, 해로운 즐거움이 셋 있다. 예악으로 절제하기를 좋아하고, 남의 착한 일을 말하기를 좋아하며, 어진 친구가 많은 것을 좋아하면 유익하다. 교만하게 즐기는 것을 좋아하고, 하는 일 없이 놀기만 좋아하며, 주색의 쾌락을 좋아하면 해로울 뿐이다."

孔子曰 侍於君子에 有三愆하니
공자왈 시어군자 유삼건
言未及之而言을 謂之躁요
언미급지이언 위지조
言及之而不言을 謂之隱이요
언급지이불언 위지은
未見顔色而言을 謂之瞽니라
미견안색이언 위지고

공자께서 말씀하셨다.
"군자를 모시는 데 있어서 저지르기 쉬운 세 가지 잘못이 있다. 군자가 말을 하지 않았는데 먼저 말하는 것은 성급한 짓이고, 군자가 말을 했는데도 대꾸를 하지 않음은 속을 감추는 짓이며, 군자의 안색을 살피지도 않고 성급하게 말함은 눈치가 없다고 이른다."

孔子曰 君子有三戒하니 少之時에는
공자왈 군자유삼계 　　　소지시
血氣未定이라 戒之在色이요 及其壯也하여
혈기미정　　　계지재색　　　　급기장야
血氣方剛이라 戒之在鬪요
혈기방강　　　계지재투
及其老也하여 血氣旣衰라 戒之在得이니라
급기로야　　　혈기기쇠　　계지재득

공자께서 말씀하셨다.
"군자에게는 경계해야 할 일이 세 가지 있다. 젊을 때는 혈기가 아직 안정되지 않았으니 여색을 경계해야 하고 장년이 되어서는 혈기가 한창 왕성하니 싸움을 경계해야 하며 늙어서는 혈기가 이미 쇠잔해졌으니 탐욕을 경계해야 한다."

孔子曰 君子有三畏하니 畏天命하며
공자왈 군자유삼외 　　　외천명
畏大人하며 畏聖人之言이니라
외대인　　　외성인지언
小人은 不知天命而不畏也라 狎大人하며
소인　 부지천명이불외야　　압대인
侮聖人之言이니라
모성인지언

공자께서 말씀하셨다.
"군자에게는 두려워해야 할 일이 세 가지가 있다. 천명을 두려워해야 하고, 큰 인물을 두려워해야 하며, 성인의 말씀을 두려워해야 한다. 소인은 천명을 알지 못하므로 두려워하지 않고, 큰 인물을 함부로 업신여기며, 성인의 말씀을 함부로 대한다."

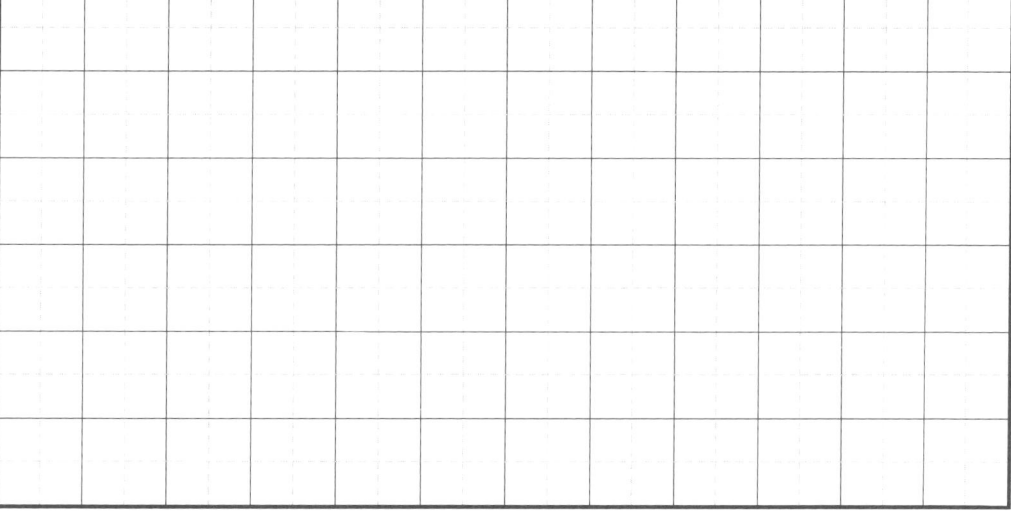

孔子曰 生而知之者는 上也요
공자왈 생이지지자 상야

學而知之者는 次也요
학이지지자 차야

困而學之는 又其次也니 困而不學이면
곤이학지 우기차야 곤이불학

民斯爲下矣니라
민사위하의

공자께서 말씀하셨다.
"태어나면서부터 스스로 아는 사람은 으뜸이고, 배워서 아는 사람은 다음이며, 필요가 있을 때 배우는 사람은 그 다음이다. 그러나 모르는 것이 있어도 배우지 않는 사람은 하급이다."

孔子曰 君子有九思하니
공자왈 군자유구사

視思明하며 聽思聰하며 色思溫하며
시사명   청사총   색사온

貌思恭하며 言思忠하며 事思敬하며
모사공   언사충   사사경

疑思問하며 忿思難하며 見得思義니라
의사문   분사난   견득사의

공자께서 말씀하셨다.
"군자는 항상 생각하는 바가 아홉 가지 있다. 사물을 볼 때에는 분명하게 볼 것을 생각하고, 나의 말을 들을 때에는 총명하게 들을 것을 생각하고, 안색은 온화하게 할 것을 생각하고, 몸가짐은 공손하게 할 것을 생각하고, 말은 진실하게 할 것을 생각하고, 일은 신중하기를 생각하고, 의심이 들 때에는 물어볼 것을 생각하고, 화가 날 때에는 뒤에 겪을 어려움을 생각하고, 이득을 보았을 때에는 의로운 것인지를 생각한다."

孔子曰 見善如不及하며 見不善如探湯을
공자왈 견선여불급   견불선여탐탕

吾見其人矣요 吾聞其語矣로라
오견기인의 오문기어의

隱居以求其志하며 行義以達其道를
은거이구기지   행의이달기도

吾聞其語矣요 未見其人也로라
오문기어의 미견기인야

공자께서 말씀하셨다.
"착한 일을 보면 미치지 못하는 것같이 간절하게 추구하고, 착하지 않은 일을 보면 끓는 물에 손을 넣은 것같이 피해야 하는 것이니, 나는 그런 사람을 보았고 그런 말도 들었다. 숨어 살면서 자신이 뜻하는 바를 추구하고, 나아가서는 군신의 의를 행하여 천하에 자신의 도를 달성해야 하는 것인데 나는 그런 말을 들었지만 그런 사람은 아직 보지 못하였다."

齊景公이 有馬千駟하되
제경공   유마천사

死之日에 民無德而稱焉이요
사지일   민무덕이칭언

伯夷叔齊는 餓于首陽之下하되
백이숙제   아우수양지하

民到于今稱之하나니라 其斯之謂與인저
민도우금칭지   기사지위여

제경공은 말이 사천 마리나 있었으나 그가 죽었을 때 백성들은 그의 덕을 기리지 않았다. 백이와 숙제는 수양산 아래에서 굶어 죽었으나 백성들은 지금까지 그를 칭송하고 있다. 바로 이것을 두고 하는 말이다.

陳亢이 問於伯魚曰 子亦有異聞乎아
진항 문어백어왈 자역유이문호

對曰 未也로라 嘗獨立이어시늘 鯉趨而過庭이러니
대왈 미야 상독립 이추이과정

曰 學詩乎아 對曰 未也로이다
왈 학시호 대왈 미야

不學詩면 無以言이라 하여시늘 鯉退而學詩호라
불학시 무이언 이퇴이학시

他日에 又獨立이어시늘 鯉趨而過庭이러니
타일 우독립 이추이과정

曰 學禮乎아 對曰 未也로이다 不學禮면
왈 학례호 대왈 미야 불학례

無以立이라 하여시늘 鯉退而學禮호라
무이립 이퇴이학례

聞斯二者로라 陳亢이 退而喜曰 問一得三호니
문사이자 진항 퇴이희왈 문일득삼

聞詩聞禮하고 又聞君子之遠其子也로라
문시문례 우문군자지원기자야

진항이 백어에게 물었다.
"선생은 특별한 가르침을 들은 바가 있습니까?"
백어가 대답하였다.
"없습니다. 언젠가 아버님께서 홀로 계시기에 내가 종종걸음으로 뜰을 지나가는데 '시를 공부했느냐?'고 물으시기에 '아직 못 배웠습니다.'라고 대답하자, '시를 배우지 않으면 말을 할 수 없느니라.'고 하시기에 물러나 시를 공부하였습니다. 다른 날에 또 홀로 계시기에 종종걸음으로 뜰을 지나가는데 '예를 공부하였느냐?'고 물으시기에 '아직 못 배웠습니다.'라고 대답하자, '예를 배우지 않으면 설 수가 없느니라.'고 하시기에 물러나 예를 공부하였습니다. 이 두 말씀을 들었을 뿐입니다."
진항이 물러나와 기뻐하며 말하였다.
"하나를 물어 셋을 알았다. 시에 대해 들었고, 예에 대해 들었으며, 군자가 자기 자식을 멀리한다는 것을 알게 되었다."

邦君之妻를 君이 稱之曰夫人이요
방군지처 군 칭지왈부인

夫人이 自稱曰小童이요 邦人이 稱之曰君夫人이요
부인 자칭왈소동 방인 칭지왈군부인

稱諸異邦曰寡小君이요
칭저이방왈과소군

異邦人이 稱之에 亦曰君夫人이니라
이방인 칭지 역왈군부인

군주의 아내를 군주는 '부인'이라 하고, 부인은 자신을 '소동'이라 하며, 그 나라 백성은 '군부인'이라 하고, 다른 나라 사람들에게 말할 때는 '과소군'이라 하며, 다른 나라 사람들이 부를 때는 '군부인'이라 한다.

제17편

陽貨

양화

陽貨欲見孔子어늘 孔子不見하신대
양 화 욕 현 공 자　　　공 자 불 견

歸孔子豚이어늘
귀 공 자 돈

孔子時其亡也而往拜之러시니 遇諸塗하시다
공 자 시 기 무 야 이 왕 배 지　　　우 저 도

謂孔子曰 來하라 予與爾言하리라
위 공 자 왈　래　　　여 여 이 언

曰 懷其寶而迷其邦이 可謂仁乎아
왈　회 기 보 이 미 기 방　가 위 인 호

曰 不可하다 好從事而亟失時가 可謂知乎아
왈　불 가　　호 종 사 이 기 실 시　가 위 지 호

曰 不可하다 日月이 逝矣라 歲不我與니라
왈　불 가　　일 월　　서 의　　세 불 아 여

孔子曰 諾다 吾將仕矣로리라
공 자 왈　낙　오 장 사 의

양화가 공자를 뵙고자 하였으나 공자가 만나주지 않자 공자에게 돼지를 보냈다. 공자가 그가 없는 틈을 타서 찾아가 사례하고 돌아오는 길에 우연히 만났다. 양화가 공자에게 말하였다.
"이리 오시오. 내가 그대에게 할 말이 있소. 보물을 품속에 지니고 있으면서도 나라가 어지러운 것을 그냥 보고 있다면, 그것을 인이라고 할 수 있겠소?"
"그렇다고 할 수 없습니다."
"일에 종사하기를 좋아하면서도 자주 기회를 놓친다면 지혜롭다고 할 수 있겠소?"
"그렇다고 할 수 없습니다."
"날이 가고 달이 가고 있소. 세월은 우리를 기다려 주지 않소."
"알겠습니다. 내가 장차 벼슬길에 오르겠습니다."

子曰 性相近也나 習相遠也니라
자왈 성상근야 습상원야

공자께서 말씀하셨다.
"사람의 타고난 성품은 서로 비슷하지만, 배우고 익히는 바에 따라 서로 달라지고 멀어진다."

子曰 唯上知與下愚는 不移니라
자왈 유상지여하우 불이

공자께서 말씀하셨다.
"오직 가장 지혜로운 사람과 가장 어리석은 사람은 변하지 않는다."

子之武城하사 聞弦歌之聲하시다
자지무성 문현가지성

夫子莞爾而笑曰 割鷄에 焉用牛刀리오
부자완이이소왈 할계 언용우도

子游對曰 昔者에 偃也聞諸夫子하니
자유대왈 석자 언야문저부자

曰 君子 學道則愛人이요
왈 군자 학도즉애인

小人이 學道則易使也라 호이다 子曰 二三子아
소인 학도즉이사야 자왈 이삼자

偃之言이 是也니 前言은 戲之耳니라
언지언 시야 전언 희지이

공자가 무성에 가셨을 때, 거문고 소리에 맞춰 부르는 노랫소리를 들었다. 공자가 빙그레 웃으며 말씀하셨다.
"닭을 잡는 데 어찌 소 잡는 칼을 쓰느냐?"
자유가 대답하였다.
"예전에 스승님이 '군자가 도를 배우면 사람을 사랑하고, 소인이 도를 배우면 부리기가 쉽다'고 하신 말씀을 들었습니다."
공자께서 말씀하셨다.
"제자들아, 언의 말이 옳다. 조금 전에 한 말은 농담이었다."

公山弗擾以費畔하여 召어늘 子欲往이러시니
공산불요이비반   소   자욕왕

子路不說曰 末之也已니
자로불열왈 말지야이

何必公山氏之之也시리잇고
하필공산씨지지야

子曰 夫召我者는 而豈徒哉리오
자왈 부소아자   이기도재

如有用我者면 吾其爲東周乎인저
여유용아자   오기위동주호

공산불요가 비읍에서 반란을 일으키고 공자를 불렀는데 공자가 가려고 하자, 자로가 납득이 가지 않아 말하였다.
"갈 곳이 없으면 그만두시지 하필 공산씨에게 가려고 하십니까?"
공자께서 말씀하셨다.
"나를 부르는 자가 어찌 생각 없이 불렀겠느냐? 만일 나를 써 주는 사람이 있다면, 나는 그곳을 동방의 주나라로 만들 것이다."

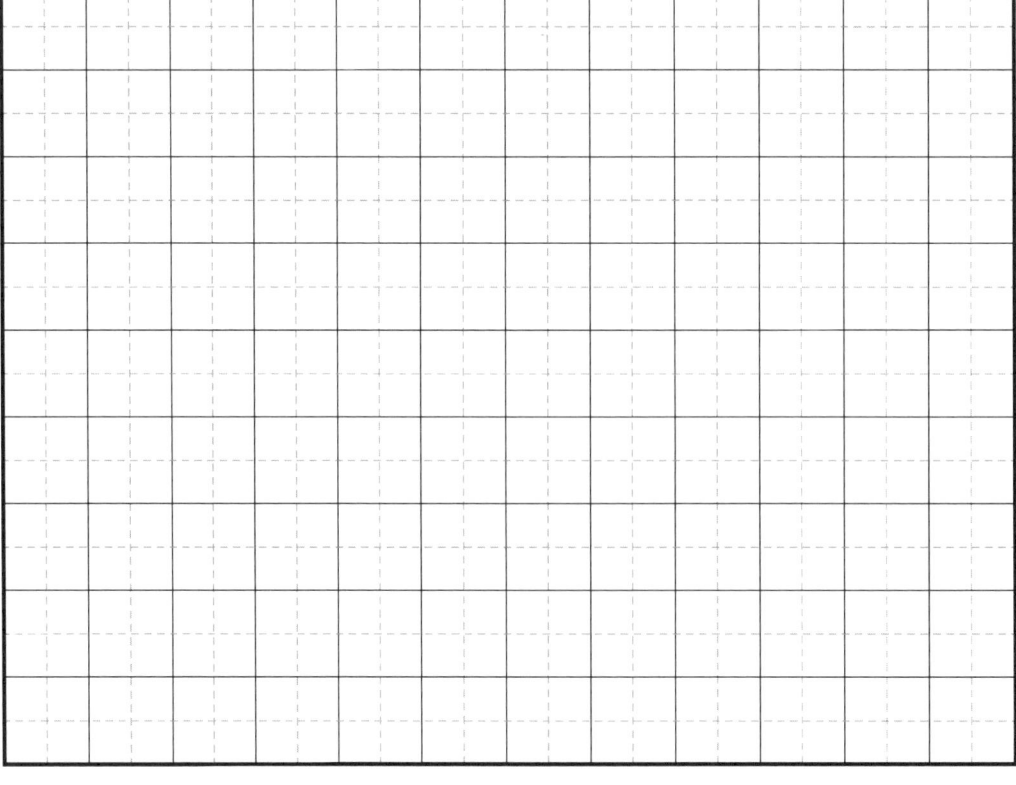

子張이 問仁於孔子한대
자장 문인어공자

孔子曰 能行五者於天下면 爲仁矣니라
공자왈 능행오자어천하 위인의

請問之한대 曰 恭寬信敏惠니 恭則不侮하고
청문지   왈 공관신민혜 공즉불모

寬則得衆하고 信則人任焉하고 敏則有功하고
관즉득중   신즉인임언   민즉유공

惠則足以使人이니라
혜즉족이사인

자장이 공자에게 인에 대해서 묻자, 공자께서 말씀하셨다.
"천하에 다섯 가지 덕목을 행할 수 있으면 그것이 곧 인이 된다."
그 내용을 청해 묻자, 공자께서 말씀하셨다.
"공손함, 관대함, 믿음직스러움, 민첩함, 은혜로움이 그것이다. 공손하면 업신여김을 당하지 않고, 관대하면 대중의 지지를 얻고, 믿음직스러우면 사람들이 신임하게 되고, 민첩하면 공을 쌓게 되고, 은혜로우면 다른 사람들을 부릴 수 있게 된다."

佛肸이 召어늘 子欲往이러시니 子路曰 昔者에
由也聞諸夫子호니 曰 親於其身에
爲不善者어든 君子不入也라 하시니
佛肸이 以中牟畔이어늘 子之往也는 如之何잇고
子曰 然하다 有是言也니라 不曰堅乎아
磨而不磷이니라 不曰白乎아 涅而不緇니라
吾豈匏瓜也哉라 焉能繫而不食이리오

필힐이 부르자 공자가 가려고 했다. 자로가 말하였다.
"예전에 선생님께서 '군자는 자신이 몸소 좋지 못한 일을 하는 자에게 가지 않는다.' 라고 말씀하시는 것을 들었습니다. 필힐이 중모 땅에서 반란을 일으켰는데 선생님께서 가시려는 것은 어찌된 영문입니까?"
공자께서 말씀하셨다.
"그렇다. 그런 말을 한 적이 있다. 하지만 갈아도 닳지 않는다면 단단하다고 할 수 있지 않겠느냐? 검은 물감을 들여도 검어지지 않는다면 희다고 할 수 있지 않겠느냐? 내가 어찌 조롱박이란 말이냐? 내가 어찌 매달려만 있고 사람들이 먹을 수 없는 존재여야 하는가."

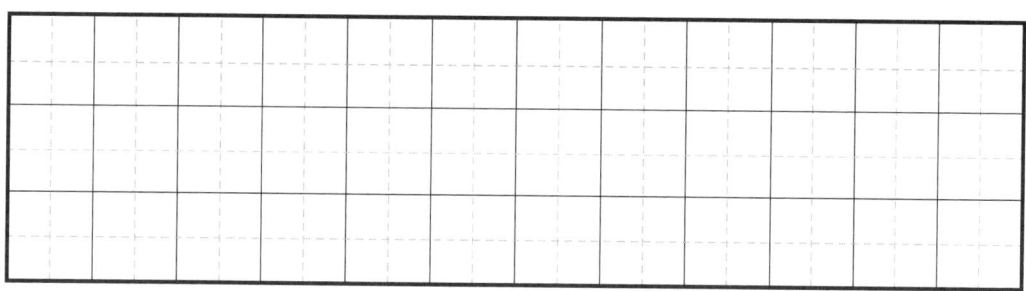

子曰 由也아 女聞六言六蔽矣乎아
자왈 유야 여문육언육폐의호

對曰 未也로이다 居하라 吾語女하리라
대왈 미야 거 오어녀

好仁不好學이면 其蔽也愚하고 好知不好學이면
호인불호학 기폐야우 호지불호학

其蔽也蕩하고 好信不好學이면 其蔽也賊하고
기폐야탕 호신불호학 기폐야적

好直不好學이면 其蔽也絞하고 好勇不好學이면
호직불호학 기폐야교 호용불호학

其蔽也亂하고 好剛不好學이면 其蔽也狂이니라
기폐야란 호강불호학 기폐야광

공자께서 말씀하셨다.
"유야, 너는 여섯 가지 덕목에 따르는 여섯 가지 폐단에 관해서 들었느냐?"
자로가 대답하였다.
"아직 못 들었습니다."
"거기 앉아라. 내가 너에게 들려주마. 인을 좋아하되 배우기를 좋아하지 않으면 그 폐단은 어리석게 된다. 지혜로움을 좋아하되 배우기를 좋아하지 않으면 그 폐단은 허황하게 된다. 신의를 좋아하되 배우기를 좋아하지 않으면 그 폐단은 남을 해치게 된다. 정직함을 좋아하면서 배우지 않으면 그 폐단은 각박하게 된다. 용맹스럽기를 좋아하되, 배우기를 좋아하지 않으면 그 폐단은 난폭하게 된다. 굳센 것을 좋아하되, 배우기를 좋아하지 않으면 그 폐단은 무모하게 된다."

子曰 小子는 何莫學夫詩오
자왈 소자   하막학부시
詩는 可以興이며 可以觀이며
시   가이흥   가이관
可以群이며 可以怨이며 邇之事父며
가이군   가이원   이지사부
遠之事君이요 多識於鳥獸草木之名이니라
원지사군   다식어조수초목지명

공자께서 말씀하셨다.
"너희들은 왜 시경을 공부하지 않느냐? 시경은 감흥을 불러일으킬 수 있고, 인정과 풍속을 살필 수 있으며, 여러 사람들과 잘 어울릴 수 있고, 사리에 어긋나지 않게 원망할 수 있으며, 가까이로는 어버이를 섬기고, 멀리는 임금을 섬기게 하며, 새와 짐승과 풀과 나무의 이름에 대해서도 많이 알게 된다."

子謂伯魚曰 女爲周南召南矣乎아
자위백어왈 여위주남소남의호

人而不爲周南召南이면
인이불위주남소남

其猶正牆面而立也與인저
기유정장면이립야여

공자가 백어에게 말씀하셨다.
"너는 주남과 소남을 공부하였느냐? 사람으로서 주남과 소남을 공부하지 않으면, 마치 벽을 마주하고 서 있는 것과 같으니라."

子曰 禮云禮云이나 玉帛云乎哉아
자왈 예운예운 옥백운호재

樂云樂云이나 鐘鼓云乎哉아
악운악운 종고운호재

공자께서 말씀하셨다.
"예다 예다 일컫지만 어찌 옥이나 비단을 말하는 것이겠는가. 음악이다 음악이다 하지만 어찌 종이나 북을 치는 것만을 말하는 것이겠는가."

子曰 色厲而內荏을 譬諸小人컨대
자왈 색려이내임   비저소인

其猶穿窬之盜也與인저
기유천유지도야여

공자께서 말씀하셨다.
"얼굴빛은 위엄이 있으면서도 속으로는 나약한 사람을 소인배에 비유한다면, 그것은 마치 벽에 구멍을 뚫고 들어가는 도둑과 같다고 할 것이다."

子曰 鄕原은 德之賊也니라
자왈 향원   덕지적야

공자께서 말씀하셨다.
"마을의 위선자는 덕을 해치는 도둑이다."

子曰 道聽而塗說이면 德之棄也니라
자왈 도청이도설   덕지기야

공자께서 말씀하셨다.
"길에서 들은 이야기를 길에서 이야기해 버리는 것은 덕을 버리는 것과 같다."

子曰 鄙夫와 可與事君也與哉아
자왈 비부 가여사군야여재

其未得之也엔 患得之하고 旣得之하얀
기미득지야 환득지 기득지

患失之하나니 苟患失之면 無所不至矣니라
환실지 구환실지 무소부지의

공자께서 말씀하셨다.
"비열한 사람과 함께 임금을 섬길 수 있겠는가? 이런 자는 직위를 얻지 못하면 어떻게 얻을까 근심하며, 또한 직위를 얻고 나서는 잃을까 근심한다. 진실로 잃을까 근심하면 못하는 짓이 없게 될 것이다."

子曰 古者에 民有三疾이러니
자왈 고자 민유삼질

今也에는 或是之亡也로다
금야 혹시지무야

古之狂也는 肆러니 今之狂也는 蕩이요
고지광야 사 금지광야 탕

古之矜也는 廉이러니 今之矜也는 忿戾요
고지긍야 렴 금지긍야 분려

古之愚也는 直이러니 今之愚也는 詐而已矣로다
고 지 우 야   직   금 지 우 야   사 이 이 의

공자께서 말씀하셨다.
"옛사람들에게는 세 가지 병폐가 있었으나, 지금은 그것마저 없어졌다. 옛날의 광인은 사소한 예절에는 구애받지 않고 살았으나, 지금의 광인은 방탕할 뿐이다. 옛날의 자긍심을 가진 사람은 정중했지만 지금의 자긍심을 가진 사람은 사납기만 할 뿐이다. 옛날의 어리석은 사람은 정직했지만 지금의 어리석은 사람은 간사할 뿐이다."

子曰 巧言令色이 鮮矣仁이니라
자 왈 교 언 영 색   선 의 인

공자께서 말씀하셨다.
"교묘한 말과 아첨하는 낯빛만 가득 찬 사람 중에서 어진 사람은 드물다."

子曰 惡紫之奪朱也하며 惡鄭聲之亂雅樂也하며
자 왈 오 자 지 탈 주 야   오 정 성 지 란 아 악 야

惡利口之覆邦家者하노라
오 리 구 지 복 방 가 자

공자께서 말씀하셨다.
"나는 자주색이 붉은 색을 빼앗는 것을 미워하며, 정나라 음악이 아악을 어지럽히는 것을 미워하고, 말재주로 나라와 집안을 뒤엎는 것을 미워한다."

子曰 予欲無言하노라
자왈 여욕무언

子貢曰 子如不言이시면 則小子何述焉이리잇고
자공왈 자여무언 즉소자하술언

子曰 天何言哉시리오 四時行焉하며
자왈 천하언재 사시행언

百物生焉하나니 天何言哉시리오
백물생언 천하언재

공자께서 말씀하셨다.
"나는 말을 하지 않으려고 한다."
자공이 말하였다.
"선생님께서 말씀을 하시지 않으시면 저희들이 어떻게 선생님의 뜻을 기록하겠습니까?"
공자께서 말씀하셨다.
"하늘이 무엇을 말하더냐? 사철이 운행하고 만물이 생겨나지만 하늘이 무엇을 말하더냐?"

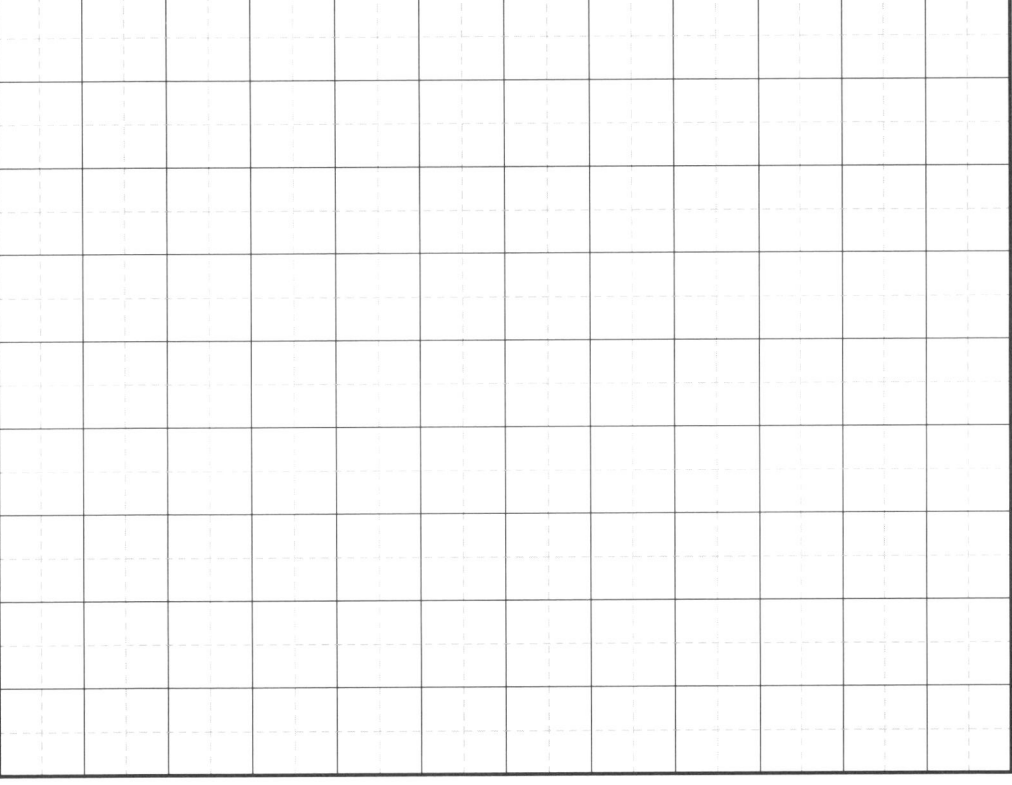

孺悲欲見孔子어늘 孔子辭以疾하시고
유비욕견공자　　　공자사이질

將命者出戶어늘 取瑟而歌하사 使之聞之하시다
장명자출호　　　취슬이가　　　사지문지

유비가 공자를 뵙고자 하였으나 공자가 병을 이유로 거절하였다. 말을 전하는 자가 문을 나가자, 공자가 비파를 연주하면서 노래를 불러서 그 소리를 듣도록 하였다.

宰我問 三年之喪이 期已久矣로소이다
재아문　삼년지상　　기이구의

君子三年을 不爲禮면 禮必壞하고
군자삼년　　불위례　　예필괴

三年을 不爲樂이면 樂必崩하리니
삼년　　불위악　　　악필붕

舊穀이 旣沒하고 新穀이 旣升하며
구곡　　기몰　　　신곡　　기승

鑽燧改火하나니 期可已矣로소이다
찬수개화　　　　기가이의

재아가 물었다.
"3년상은 기간이 너무 깁니다. 군자가 3년 동안 예를 행하지 않으면 예는 반드시 무너지고, 3년 동안 음악을 하지 않으면 음악 또한 반드시 무너집니다. 묵은 곡식이 다 떨어지고 햇곡식이 나옵니다. 불씨도 새 것으로 바꿉니다. 일 년이면 족할 것입니다."

子曰 食夫稻하며 衣夫錦이
자왈 식부도 의부금
於女에 安乎아 曰 安하이다
어여 안호 왈 안
女安則爲之하라 夫君子之居喪에
여안즉위지 부군자지거상
食旨不甘하며 聞樂不樂하며 居處不安이라
식지불감 문악불락 거처불안
故로 不爲也하나니 今女安則爲之하라
고 불위야 금녀안즉위지

공자께서 말씀하셨다.
"쌀밥을 먹고 비단옷을 입는 것이 네게는 편안하느냐?"
재아가 말하였다.
"그렇습니다."
"편안하거든 그렇게 하라. 무릇 군자는 상중에는 기름진 음식을 먹어도 달지 않으며, 음악을 들어도 즐겁지 않고, 집에 머물러도 편안하지 않기 때문에 그렇게 하지 않는 것이다. 지금 네가 편안하다면 그렇게 하라."

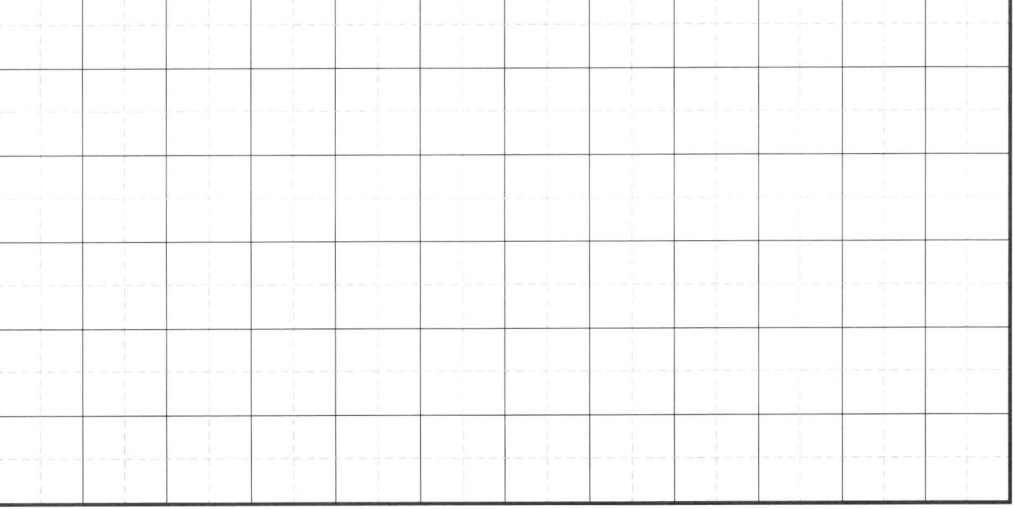

재아가 물러가자 공자께서 말씀하셨다.
"여는 어질지 못하구나. 자식이 태어난 지 3년이 지난 후에야 부모의 품에서 벗어나는 것이다. 무릇 3년상은 천하에 공통된 상례이거늘 여도 부모에게서 3년의 사랑을 받았겠지?"

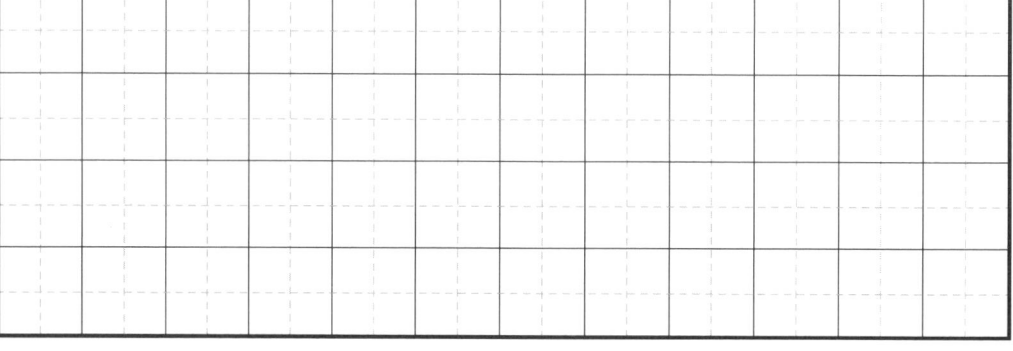

공자께서 말씀하셨다.
"하루 종일 배불리 먹고 마음 쓰는 바가 없다면 참으로 딱한 일이다. 장기나 바둑이라는 것이 있지 않느냐? 차라리 그런 것이라도 하는 것이 더 현명하다."

子路曰 君子尚勇乎잇가
자로왈 군자상용호

子曰 君子義以爲上이니 君子有勇而無義면
자왈 군자의이위상 군자유용이무의

爲亂이요 小人이 有勇而無義면 爲盜니라
위란 소인 유용이무의 위도

자로가 물었다.
"군자는 용맹스러움을 숭상합니까?"
공자께서 말씀하셨다.
"군자는 의를 으뜸으로 여긴다. 군자가 용맹스러움만 있고 의가 없으면 난을 일으키고, 소인이 용맹스러움만 있고 의가 없으면 도둑질을 하게 된다."

子貢이 曰 君子亦有惡乎잇가
자공 왈 군자역유오호

子曰 有惡하니 惡稱人之惡者하며
자왈 유오 오칭인지악자

惡居下流而訕上者하며
오거하류이산상자

惡勇而無禮者하며 惡果敢而窒者니라
오용이무례자　　　　오과감이질자

曰賜也 亦有惡乎아 惡徼以爲知者하며
왈사야 역유오호　　오요이위지자

惡不孫以爲勇者하며 惡訐以爲直者하노이다
오불손이위용자　　　오알이위직자

자공이 물었다.
"군자도 미워하는 것이 있습니까?"
공자께서 말씀하셨다.
"미워하는 것이 있다. 다른 사람의 허물을 떠들어대는 것을 미워하고, 아랫사람이 윗사람을 비방하는 것을 미워하고, 용맹스럽기만 하고 예절을 모르는 것을 미워하고, 과감하기만 하고 융통성이 없는 사람을 미워한다."
공자께서 말씀하셨다.
"사야, 너도 미워하는 것이 있느냐?"
"남의 말을 가로채 아는 척하는 자를 미워하고, 겸손하지 못한 것을 용기라고 여기는 자를 미워하며, 남의 비밀을 폭로하는 것을 정직하다고 여기는 자를 미워합니다."

子曰 唯女子與小人이 爲難養也니
자왈 유녀자여소인　　위난양야

近之則不孫하고 遠之則怨이니라
근지즉불손　　　원지즉원

공자께서 말씀하셨다.
"오직 여자와 소인은 다루기가 어렵다. 가까이하면 불손해지고 멀리하면 원망하게 된다."

子曰 年四十而見惡焉이면 其終也已니라
자왈 년사십이견오언 기종야이

공자께서 말씀하셨다.
"나이 사십이 되어서도 미움을 받는다면 그 사람은 끝이다."

제18편

微子

미자

微子는 去之하고 箕子는 爲之奴하며 比干은
미자 거지 기자 위지노 비간
諫而死하나니 孔子曰 殷有三仁焉하니라
간이사 공자왈 은유삼인언

미자는 떠나버렸고, 기자는 노예가 되었고, 비간은 간하다가 죽었다.
공자께서 말씀하셨다.
"은나라에는 세 명의 인자가 있었다."

柳下惠爲士師하여 三黜이어늘
유하혜위사사   삼출

人이 曰 子未可以去乎아
인 왈 자미가이거호

曰 直道而事人이면 焉往而不三黜이며
왈 직도이사인   언왕이불삼출

枉道而事人이면 何必去父母之邦이리오
왕도이사인   하필거부모지방

유하혜는 노나라의 사사가 되었다가 세 번이나 물러나자, 어떤 사람이 물었다.
"당신은 이런 나라를 떠날 수 없습니까?"
유하혜가 대답하였다.
"올바른 도리에 따라 사람을 섬긴다면 어디에 간들 세 번 물러나지 않겠소? 도를 굽혀 사람을 섬긴다면 굳이 부모의 나라를 떠날 필요가 있겠소?"

齊景公이 待孔子曰 若季氏則吾不能이어니와
제경공   대공자왈 약계씨즉오불능

以季孟之間으로 待之하리라 하고
이계맹지간   대지

曰 吾老矣라 不能用也라 한대 孔子行하시다
왈 오로의 불능용야   공자행

제나라 경공이 공자를 붙들며 말하였다.
"계씨만큼 대우하지는 못하겠지만, 계씨와 맹씨 중간 정도로 대우하겠소."
얼마 후 다시 말하였다.
"나는 늙었소. 등용할 수가 없소."
그러자 공자가 떠나버렸다.

齊人이 歸女樂이어늘 季桓子受之하고
제인   귀녀악   계환자수지
三日不朝한대 孔子行하시다
삼일부조   공자행

제나라에서 여자 가무단을 보내왔다. 계환자가 그것을 받고 삼일 동안 조회를 열지 않자 공자가 떠나버렸다.

楚狂接輿 歌而過孔子曰 鳳兮鳳兮여
초광접여 가이과공자왈 봉혜봉혜
何德之衰오 往者는 不可諫이어니와
하덕지쇠   왕자   불가간
來者는 猶可追니 已而已而어다
내자   유가추   이이이이
今之從政者殆而니라
금지종정자태이

孔子下하사 欲與之言이러시니 趨而辟之하니
공자하   욕여지언   추이피지
不得與之言하시다
불득여지언

초나라의 미치광이 접여가 노래를 부르면서 공자의 수레 앞을 지나가며 말하였다.
"봉황새야, 봉황새야! 어찌하여 덕이 그리 쇠퇴해졌는가? 지나간 일은 탓할 수 없지만, 닥쳐올 일은 쫓아갈 수 있네. 그만두어라, 그만두어라. 지금 정치에 종사하는 것은 위태롭다네."
공자가 수레에서 내려, 이야기를 나누려고 하였으나 급히 달아나서 나눌 수 없었다.

長沮桀溺이 耦而耕이어늘 孔子過之하실새
장저걸익   우이경   공자과지
使子路問津焉하신대
사자로문진언
長沮曰 夫執輿者爲誰오 子路曰 爲孔丘시니라
장저왈 부집여자위수   자로왈 위공구

장저와 걸익이 나란히 밭을 갈고 있었다. 공자가 그곳을 지나가다가 자로로 하여금 나루터가 어디에 있는지 물어보게 하였다.
장저가 말하였다.
"저 수레에 앉아 고삐를 잡고 있는 사람이 누구입니까?"
자로가 말하였다.
"공구이십니다."

曰 是魯孔丘與아 曰 是也시니라
왈 시노공구여　　왈 시야

曰 是知津矣니라 問於桀溺한대
왈 시지진의　　　문어걸익

桀溺이 曰 子爲誰오 曰 爲仲由로라
걸익　왈 자위수　왈 위중유

曰 是魯孔丘之徒與아 對曰 然하다
왈 시노공구지도여　대왈 연

"노나라 공구란 말이오?"
"그렇습니다."
"그렇다면 나루터가 어디에 있는지 알고 있을 것이오."
걸익에게 묻자, 말하였다.
"그대는 뉘시오?"
"중유입니다."
"노나라 공구의 제자란 말이오?"
"그렇습니다."

曰 滔滔者天下皆是也니 而誰以易之리오
왈 도도자천하개시야 이수이역지

且而與其從辟人之士也론
차이여기종피인지사야

豈若從辟世之士哉리오 하고 耰而不輟하더라
기약종피세지사재   우이불철

子路行하여 以告한대 夫子憮然曰 鳥獸는
자로행   이고   부자무연왈 조수

不可與同群이니 吾非斯人之徒를 與오
불가여동군   오비사인지도   여

而誰與리오 天下有道면 丘不與易也니라
이수여   천하유도   구불여역야

"도도하게 흐르는 물결처럼 천하가 다 그렇게 가고 있소. 이를 누가 바꿀 수 있으리오. 당신도 사람을 피하는 선비를 따르기보다는 차라리 세상을 피하는 선비를 따르는 것이 어떻겠소?"
밭을 가는 일을 멈추지 않았다.
자로가 공자에게 가서 이 일을 말씀드리자, 공자가 탄식하며 말씀하셨다.
"새나 짐승과는 함께 무리를 이룰 수 없으니 내가 이 사람들과 함께하지 않으면 누구와 함께하겠는가? 천하에 도가 있다면 내가 굳이 바꾸려 하지 않을 것이다."

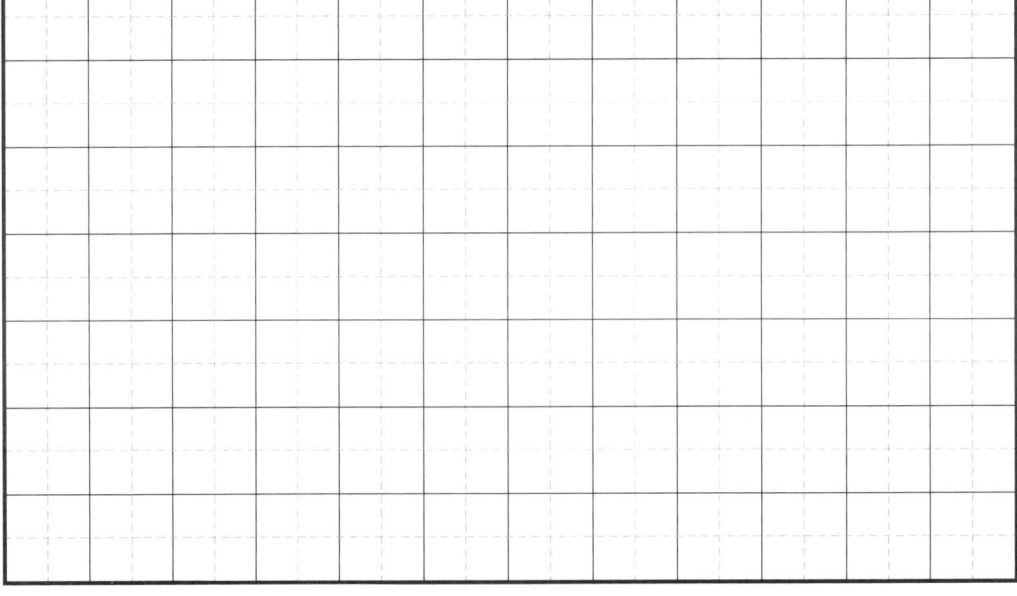

子路從而後러니 遇丈人이 以杖荷蓧하여
자로종이후　　우장인　이장하조

子路問曰 子見夫子乎아
자로문왈 자견부자호

丈人曰 四體를 不勤하며 五穀을 不分하나니
장인왈 사체　불근　　오곡　불분

孰爲夫子오 하고 植其杖而芸하더라
숙위부자　　　　치기장이운

子路拱而立한대 止子路宿하여
자로공이립　　　지자로숙

殺鷄爲黍而食之하고 見其二子焉이어늘
살계위서이사지　　　현기이자언

자로가 공자를 수행하던 중 뒤에 처졌다가, 지팡이에 대바구니를 매달아 어깨에 걸친 노인을 만났다. 자로가 물었다.
"어르신, 우리 선생님을 보셨습니까?"
"사지를 부지런히 움직이지도 않고, 오곡을 구분할 줄도 모르는데 누가 선생이란 말인가?"
노인은 이렇게 말하고는 지팡이를 세워 놓고 김을 맸다. 자로가 두 손을 마주잡고 한쪽에 서 있자 노인이 자로를 자기 집에 하룻밤 묵게 하였다. 닭을 잡고 기장밥을 지어 먹이고는 두 아들을 인사시켰다.

明日에 子路行하여 以告한대 子曰 隱者也로다 하시고
명일   자로행   이고   자왈 은자야

使子路로 反見之하시니 至則行矣러라
사자로   반견지   지즉행의

子路曰 不仕無義하니 長幼之節을
자로왈 불사무의   장유지절

不可廢也니 君臣之義를 如之何其廢之리오
불가폐야   군신지의   여지하기폐지

欲潔其身而亂大倫이로다 君子之仕也는
욕결기신이란대륜   군자지사야

行其義也니 道之不行은 已知之矣시니라
행기의야   도지불행   이지지의

이튿날 자로가 공자에게 가서 이 사실을 말씀드렸다. 공자께서 말씀하셨다.
"은자일 것이다."라며 자로에게 되돌아가 다시 만나보게 하였다. 자로가 도착해 보니 노인은 떠나고 없었다. 자로가 말하였다.
"관직에 나가지 않는 것은 의로운 일이 아닙니다. 어른과 아이 사이의 예절도 버릴 수 없는데, 어찌 임금과 신하 사이의 의리를 저버릴 수 있겠습니까? 그것은 자신의 몸만을 깨끗이 하려다 인간 윤리를 어지럽히는 것입니다. 군자가 관직에 나가는 것은 군신의 의리를 지키고자 함이니 바른 도리가 지켜지지 않음은 이미 잘 알고 있습니다."

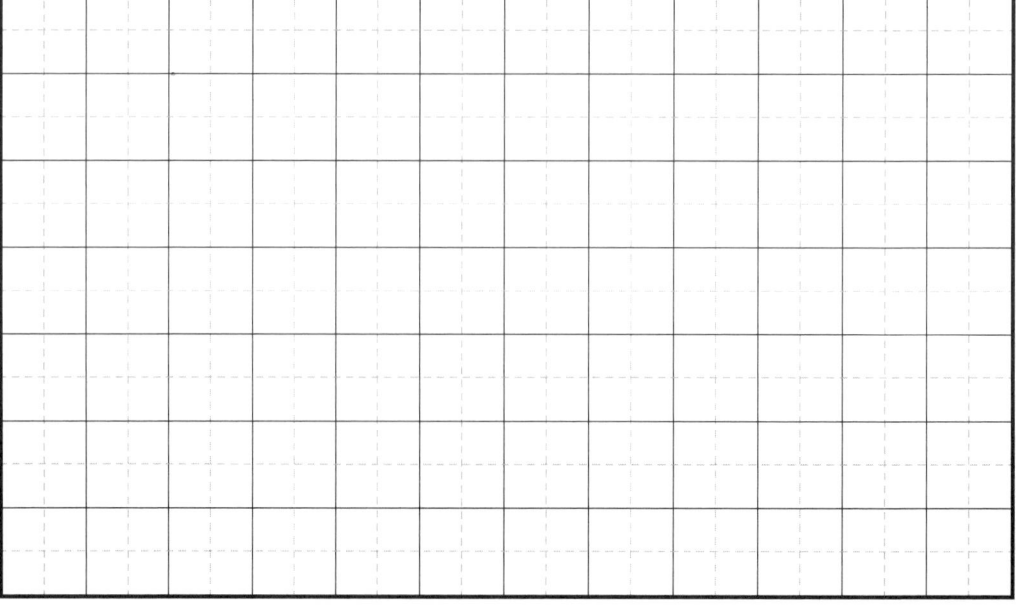

逸民은 伯夷와 叔齊와 虞仲과 夷逸과 朱張과
柳下惠와 少連이니라 子曰 不降其志하며
不辱其身은 伯夷叔齊與인저
謂柳下惠少連하시대 降志辱身矣나
言中倫하며 行中慮하니 其斯而已矣니라
謂虞仲夷逸하나 隱居放言하나 身中淸하며
廢中權이니라 我則異於是하여 無可無不可하라

속세를 떠나 은둔한 선비로는 백이, 숙제, 우중, 이일, 주장, 유하혜, 소련이 있다. 공자께서 말씀하셨다.

"자신의 뜻을 굽히지 않고 그 몸을 욕되게 하지 않은 사람은 백이와 숙제로다! 유하혜와 소련은 비록 뜻을 굽히고 몸을 욕되게 하였으나, 말이 이치에 맞고 행위는 생각과 일치하였으니, 그들은 그렇게 했을 뿐이다. 우중과 이일은 숨어 살면서 하고 싶은 말을 다하였으나, 몸가짐이 깨끗했고 속세를 떠난 것이 시의에 적절하였다. 그러나 나는 이들과 다르다. 그러므로 반드시 그래야만 한다는 것도 없고, 그래서는 안 된다고 하는 것도 없다."

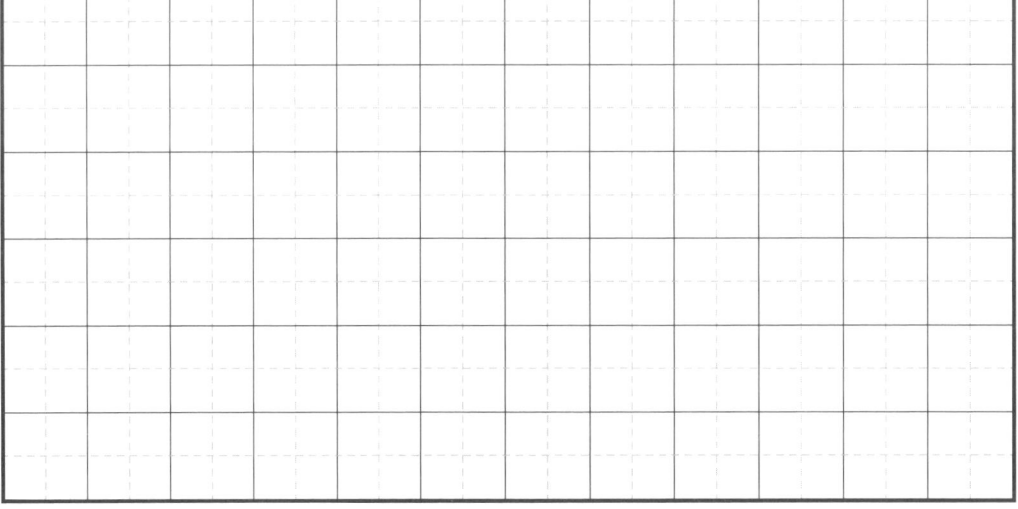

태사였던 지는 제나라로 갔고, 아반이었던 간은 초나라로 갔으며, 삼반이었던 요는 채나라로 갔고, 사반이었던 결은 진나라로 갔고, 북을 치는 방숙은 하내로 돌아갔고, 소고를 흔드는 무는 한중으로 들어갔으며, 소사였던 양과 경쇠를 치던 양은 바다로 갔다.

周公이 謂魯公曰 君子不施其親하며
주공   위노공왈 군자불시기친

不使大臣으로 怨乎不以하며 故舊無大故면
불사대신   원호불이   고구무대고

則不棄也하며 無求備於一人이니라
즉불기야   무구비어일인

주공이 그의 아들 노공에게 말하였다.
"군자는 자기의 친족을 소홀히 대하지 아니하며, 대신들로 하여금 자신을 써주지 않는다고 원망하게 하지 않으며, 원로 중신은 커다란 잘못이 없는 한 버리지 않는다. 그리고 한 사람이 온갖 재능을 다 갖추고 있기를 바라지 않는다."

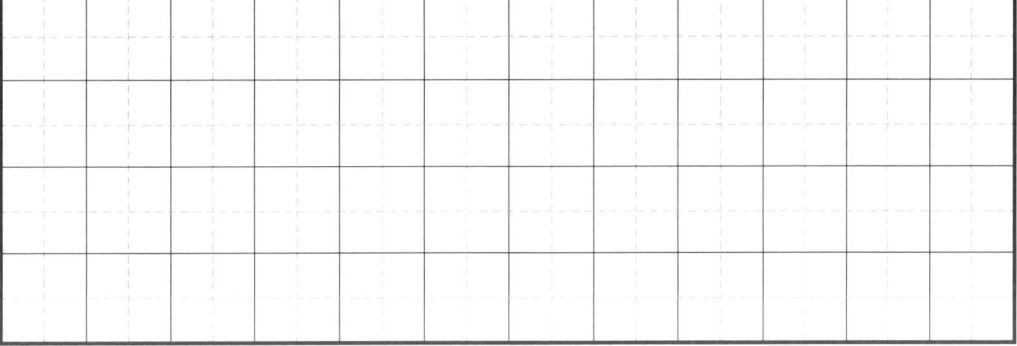

周有八士하니 伯達과 伯适과 仲突과 仲忽과
주유팔사   백달   백괄   중돌   중홀

叔夜와 叔夏와 季隨와 季騧니라
숙야   숙하   계수   계와

주나라에 여덟 명의 선비가 있었으니 백달, 백괄, 중돌, 중홀, 숙야, 숙하, 계수, 계와이다.

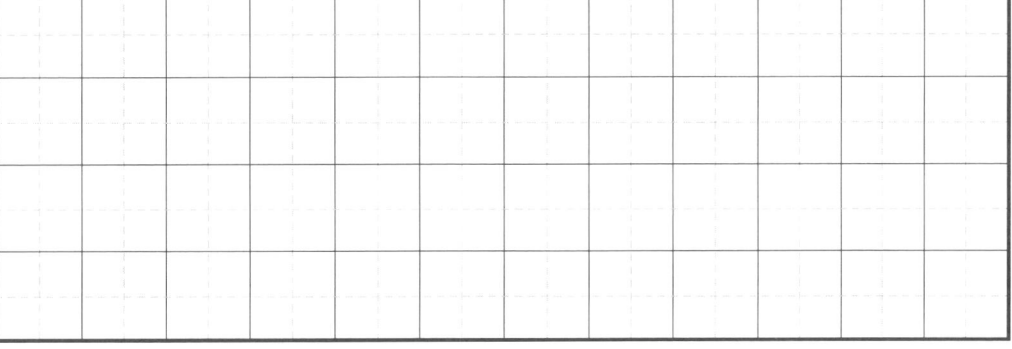

제19편
子張
자장

子張曰 士見危致命하며 見得思義하며
자장왈 사견위치명　　　견득사의
祭思敬하며 喪思哀면 其可已矣니라
제사경　　　상사애　　기가이의

자장이 말하였다.
"선비는 나라가 위태롭고 위기에 처하면 목숨을 바치고, 이익이 되는 일이 눈앞에 나타나면 도리에 맞는지를 생각하며, 제사를 지낼 때는 공경함을 생각하고, 상을 당했을 때는 슬픔을 생각한다면 됐다고 할 수 있다."

子張曰 執德不弘하며 信道不篤이면
자장왈 집덕불홍　　　신도부독
焉能爲有며 焉能爲亡리오
언능위유　　언능위무

자장이 말하였다.
"덕을 지녔으나 넓히지 못하고 도를 믿으나 독실하지 않다면, 어찌 덕이나 도를 지녔다 안 지녔다 말할 수 있겠는가?"

子夏之門人이 問交於子張한대
자하지문인 문교어자장

子張曰 子夏云何리오
자장왈 자하운하

對曰 子夏曰 可者를 與之하고
대왈 자하왈 가자 여지

其不可者를 拒之라 하더이다
기불가자 거지

자하의 제자가 자장에게 친구 사귀는 법에 대해 묻자, 자장이 말하였다.
"자하는 뭐라고 하더냐?"
"자하는 말씀하시기를 '좋은 사람과는 사귀고 좋지 않은 사람은 거절하라'고 하셨습니다."

子張曰 異乎吾所聞이로다 君子는
자장왈 이호오소문 군자

尊賢而容衆하며 嘉善而矜不能이니
존현이용중 가선이긍불능

我之大賢與인대 於人에 何所不容이며
아지대현여 어인 하소불용

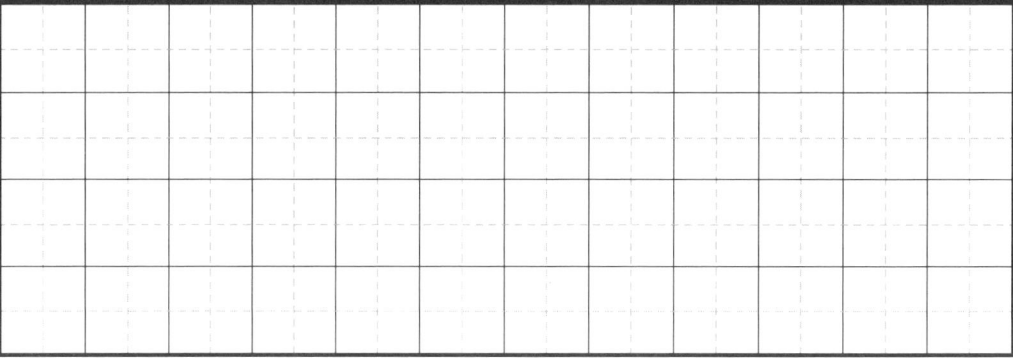

자장이 말하였다.
"내가 들은 것과는 다르구나. 군자는 현명한 사람을 존중하며, 일반 대중들을 포용하며, 선한 사람을 가상히 여기고, 능력이 없는 사람을 불쌍히 여긴다. 만약 내가 크게 현명하면, 어찌 사람들을 다 받아들이지 않겠는가? 내가 만일 현명하지 못하다면 다른 사람이 나를 거절할 것인데, 어찌 다른 사람을 거절할 수 있겠는가?"

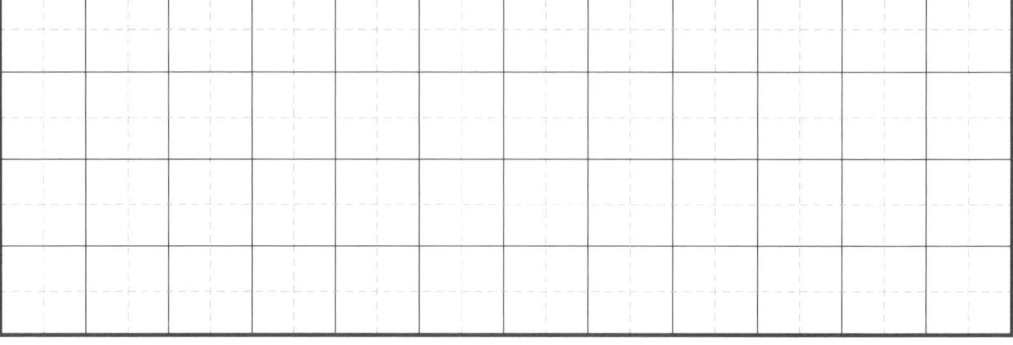

자하가 말하였다.
"비록 작은 재주일지라도 반드시 볼만한 것이 있겠지만, 원대한 뜻을 이루는데 장애가 될까 염려되어 군자는 그런 것들을 하지 않는 것이다."

子夏曰 日知其所亡하며 月無忘其所能이면
자하왈 일지기소무   월무망기소능
可謂好學也已矣니라
가위호학야이의

자하가 말하였다.
"날마다 자신이 알지 못하던 것을 알게 되고, 달마다 자신이 잘하는 것을 잊지 않는다면 가히 배우기를 좋아한다고 할 수 있다."

子夏曰 博學而篤志하며 切問而近思하면
자하왈 박학이독지   절문이근사
仁在其中矣니라
인재기중의

자하가 말하였다.
"널리 배우고 뜻을 돈독하게 하며, 간절하게 묻고 자기 주변의 일을 반성하면 인이 그 가운데 있다."

子夏曰 百工이 居肆하여 以成其事하고
자하왈 백공   거사   이성기사
君子學하여 以致其道니라
군자학   이치기도

자하가 말하였다.
"모든 기술자들은 작업장에서 그들의 일을 이루고, 군자는 배워서 도에 이른다."

子夏曰 小人之過也는 必文이니라
자하왈 소인지과야 필문

자하가 말하였다.
"소인은 잘못을 저지르면 반드시 꾸며댄다."

子夏曰 君子有三變하니 望之儼然하고
자하왈 군자유삼변 망지엄연
卽之也溫하고 聽其言也厲니라
즉지야온 청기언야려

자하가 말하였다.
"군자에게는 세 가지 다른 면이 있다. 멀리서 바라보면 위엄이 있고, 가까이 다가가면 온화하며, 말을 들어보면 옳고 그름이 명확하다."

子夏曰 君子는 信而後에 勞其民이니
자하왈 군자 신이후 노기민
未信則以爲厲己也니라
미신즉이위려기야
信而後에 諫이니 未信則以爲謗己也니라
신이후 간 미신즉이위방기야

자하가 말하였다.
"군자는 신뢰를 얻은 후에 그 백성들을 부려야 한다. 신뢰를 얻지 못한 상태에서 백성들을 부리면, 자기를 학대한다고 생각한다. 또한 아랫사람도 신임을 받은 후에 간언을 해야 한다. 신임을 받지 못한 상태에서 간언하면 자기를 비방한다고 생각한다."

子夏曰 大德이 不踰閑이면
小德은 出入이라도 可也니라

자하가 말하였다.
"큰 덕이 한도를 넘지 않으면 사소한 덕목은 융통성을 두어 그 경계를 넘나들어도 괜찮다."

子游曰 子夏之門人小子
當洒掃應對進退 則可矣어니와 抑末也라
本之則無하니 如之何오 子夏聞之하고 曰

자유가 말하였다.
"자하의 제자들은 물을 뿌리고 청소하고, 어른들 말씀에 응대하고, 나아감과 물러가는 예절은 잘한다. 그러나 이는 말단에 불과한 것이고 근본이 없으니 어찌한단 말인가?"
자하가 이 말을 듣고서 말하였다.

噫라 言游過矣로다
군자지도 숙선전언 숙후권언
君子之道 孰先傳焉이며 孰後倦焉이리오

譬諸草木컨대 區以別矣니
비저초목 구이별의

君子之道 焉可誣也리오
군자지도 언가무야

有始有卒者는 其唯聖人乎인저
유시유졸자 기유성인호

"안타깝다. 자유의 말이 지나치다. 군자의 도 중에서 어떤 것을 먼저 전수하고, 어떤 것을 나중으로 미루어 게을리 하겠는가? 초목에 비유하면 종류로 구별하는 것과 같으니 군자의 도에 어찌 속임이 있겠는가? 배움의 처음과 끝을 자유자재로 관통할 수 있는 분은 오직 성인뿐일 것이다."

子夏曰 仕而優則學하고 學而優則仕니라
자하왈 사이우즉학 학이우즉사

자하가 말하였다.
"벼슬을 하면서 여력이 있으면 배우고, 배우다가 여력이 있으면 벼슬을 한다."

子游曰 喪은 致乎哀而止니라
자유왈 상 치호애이지

자유가 말하였다.
"상을 당해서는 슬픔을 극진히 하면 된다."

子游曰 吾友張也爲難能也나 然而未仁이니라
자유왈 오우장야위난능야 연이미인

자유가 말하였다.
"내 친구 자장은 어려운 일은 잘하지만 아직 어질다고 할 수 있는 것은 아니다."

曾子曰 堂堂乎라 張也여 難與並爲仁矣로다
증자왈 당당호 장야 난여병위인의

증자가 말하였다.
"당당하구나, 자장이여! 하지만 더불어 인을 행하기는 어렵겠구나."

曾子曰 吾聞諸夫子하니
증자왈 오문제부자

人未有自致者也나 必也親喪乎인저
인미유자치자야 필야친상호

증자가 말하였다.
"내가 선생님께 상에 관해 들으니, '사람은 스스로 정성을 다하지 않지만, 부모의 상을 당하면 반드시 정성을 다해야만 한다'고 하셨다."

曾子曰 吾聞諸夫子하니
증자왈 오문제부자

孟莊子之孝也는 其他는 可能也어니와
맹장자지효야 기타 가능야

其不改父之臣與父之政은 是難能也니라
기불개부지신여부지정 시난능야

증자가 말하였다.
"내가 선생님께 들으니 '맹장자가 효도했던 다른 행적은 따라할 수 있지만 그가 아버지의 신하와 더불어 아버지가 했던 정책을 바꾸지 않았는데 이것만큼은 하기 어려운 것이다'고 하셨다."

孟氏使陽膚로 爲士師라 問於曾子한대
맹씨사양부   위사사   문어증자

曾子曰 上失其道하여 民散이 久矣니
증자왈 상실기도   민산 구의

如得其情이면 則哀矜而勿喜니라
여득기정   즉애긍이물희

맹씨가 양부를 사사로 삼았다. 양부가 증자에게 가르침을 청하자, 증자가 말하였다.
"윗사람들이 도를 잃어 백성이 나라와 임금을 생각하는 마음이 떠나고 흩어진 지 오래되었다. 만약 죄를 지은 백성의 딱한 사정을 알게 되면 불쌍히 여기고 기뻐하지 말아야 한다."

子貢曰 紂之不善이 不如是之甚也니 是以로
자공왈 주지불선   불여시지심야   시이

君子惡居下流하나니 天下之惡이 皆歸焉이니라
군자오거하류   천하지악   개귀언

자공이 말하였다.
"주왕의 악행이 이처럼 심하지는 않았다. 그래서 군자는 모든 물이 모여드는 하류에 있는 것을 싫어한다. 세상의 악이 모두 그곳으로 흘러들기 때문이다."

子貢曰 君子之過也는 如日月之食焉이라
자공왈 군자지과야   여일월지식언
過也에 人皆見之하고 更也에 人皆仰之니라
과야   인개견지   경야   인개앙지

자공이 말하였다.
"군자의 허물은 일식이나 월식과 같다. 따라서 허물이 있으면 모든 사람들의 눈에 띄고, 그것을 고치면 사람들이 모두 우러러본다."

衛公孫朝問於子貢曰 仲尼는 焉學고
위공손조문어자공왈 중니   언학
子貢曰 文武之道 未墜於地하여 在人이라
자공왈 문무지도 미추어지   재인
賢者는 識其大者하고 不賢者는 識其小者하여
현자   식기대자   불현자   식기소자
莫不有文武之道焉하니 夫子焉不學이시며
막불유문무지도언   부자언불학
而亦何常師之有시리오
이역하상사지유

위나라 대부 공손조가 자공에게 물었다.
"중니는 누구에게서 배웠는가?"
자공이 대답하였다.
"문왕과 무왕의 도가 아직 땅에 떨어지지 않고 사람들에게 남아 있습니다. 현자는 그 중에서 큰 것을 알고 있고, 현명하지 못한 자도 그 중 작은 일들을 알고 있어서 문왕과 무왕의 도가 없는 곳이 없습니다. 선생님께서는 어찌 배우지 아니할 것이며 또한 어찌 항상 가르치는 스승이 있었겠습니까?"

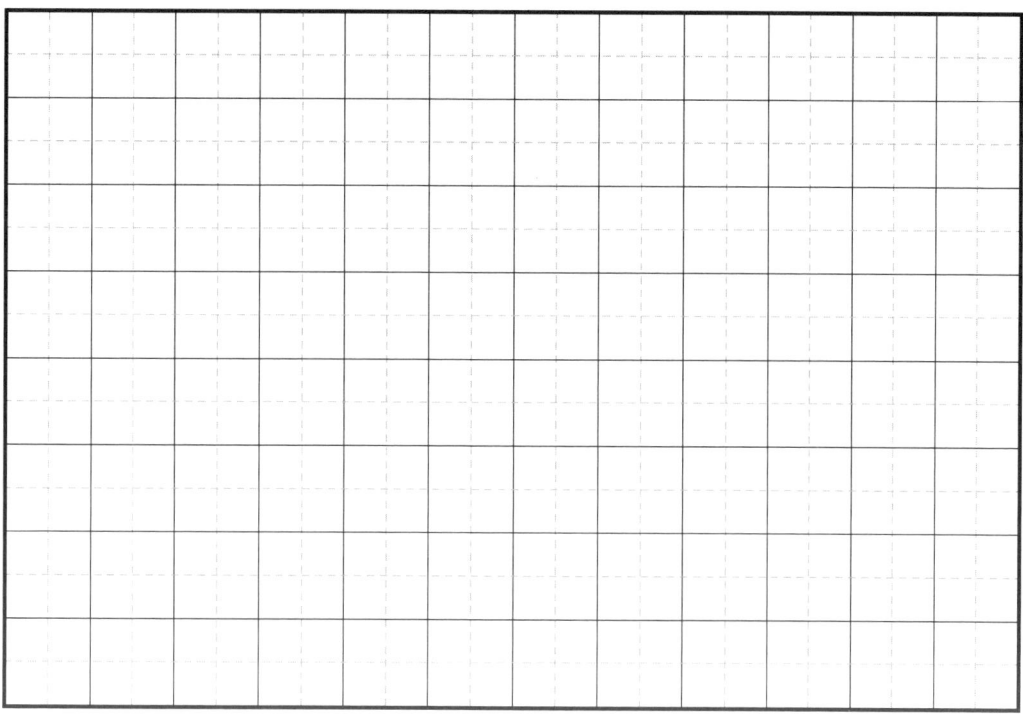

숙손무숙이 노나라 조정에서 대부들에게 말하였다.
"자공이 중니보다 현명하다."
자복경백이 이 사실을 자공에게 알리자, 자공이 말하였다.

譬之宮牆컨대 賜之牆也는 及肩이라
비지궁장 사지장야 급견

窺見室家之好어니와 夫子之牆은 數仞이라
규견실가지호 부자지장 수인

不得其門而入이면 不見宗廟之美와
부득기문이입 불견종묘지미

百官之富니 得其門者 或寡矣니
백관지부 득기문자 혹과의

夫子之云이 不亦宜乎아
부자지운 불역의호

"그 일을 궁궐의 담장에 비유한다면 내 담장은 어깨 높이쯤 되는지라 궁궐 안의 좋은 것을 전부 엿볼 수 있습니다. 선생님의 담장은 두어 길쯤 높아 그 대문을 통해 들어가지 않으면 종묘의 아름다움과 백관의 위엄을 볼 수 없습니다. 그 문이 어디 있는지 알고 들어가는 사람이 적으니 그분의 말도 또한 당연하지 않겠습니까?"

叔孫武叔이 毀仲尼어늘 子貢曰無以爲也하라
숙손무숙 훼중니 자공왈무이위야

仲尼는 不可毀也니 他人之賢者는
중니 불가훼야 타인지현자

丘陵也니 猶可踰也어니와 仲尼는 日月也라
구릉야　유가유야　　　　중니　　일월야

無得而踰焉이니 人雖欲自絶이나
무득이유언　　　인수욕자절

其何傷於日月乎리오 多見其不知量也로다
기하상어일월호　　　다현기부지량야

숙손무숙이 중니를 헐뜯자, 자공이 말하였다.
"그러지 마시오. 중니를 비난해서는 아니 됩니다. 다른 현자는 낮은 구릉이라 오히려 넘을 수 있지만, 중니는 일월이라 넘을 수 없습니다. 사람들이 비록 스스로 끊으려 하나, 그것이 어찌 일월을 손상시킬 수 있겠습니까? 다만 자기 분수를 모른다는 것을 드러낼 뿐입니다."

陳子禽이 謂子貢曰 子爲恭也언정
진자금　　위자공왈　자위공야

仲尼豈賢於子乎리오 子貢曰
중니기현어자호　　　자공왈

진자금이 자공에게 말하였다.
"선생께서 겸손해서 그렇지, 중니가 어찌 선생님보다 현명하겠습니까?"
자공이 말하였다.

君子一言에 以爲知하며 一言에
군자일언　　이위지　　　일언

以爲不知니 言不可不愼也니라
이위부지　　언불가불신야

夫子之不可及也는 猶天之不可階而升也니라
부자지불가급야　　유천지불가계이승야

夫子之得邦家者인댄 所謂立之斯立하며
부자지득방가자　　　소위립지사립

道之斯行하면 綏之斯來하며 動之斯和하여
도지사행　　　수지사래　　　동지사화

其生也榮하고 其死也哀니 如之何其可及也리오
기생야영　　　기사야애　　여지하기가급야

"군자는 말 한 마디로 지혜롭다고 여겨지기도 하고, 말 한 마디로 어리석게도 여겨지는 것이니, 말은 신중히 하지 않으면 안 되오. 선생님께 미칠 수 없는 것은 마치 사다리를 타고 하늘에 오를 수 없는 것과 같소. 선생님께서 만약 나라를 다스렸다면 백성들에게 스스로 일어설 능력을 주시고, 바른 길로 이끌어 행하게 하며, 편안케 하여 모여들게 하고, 격려하여 화목을 이루게 할 것이오. 그러므로 그분이 살아계심을 백성들은 영광으로 여기고, 돌아가셔서는 슬픔으로 가득했으니 어찌 우리가 그 분께 미칠 수 있겠소?"

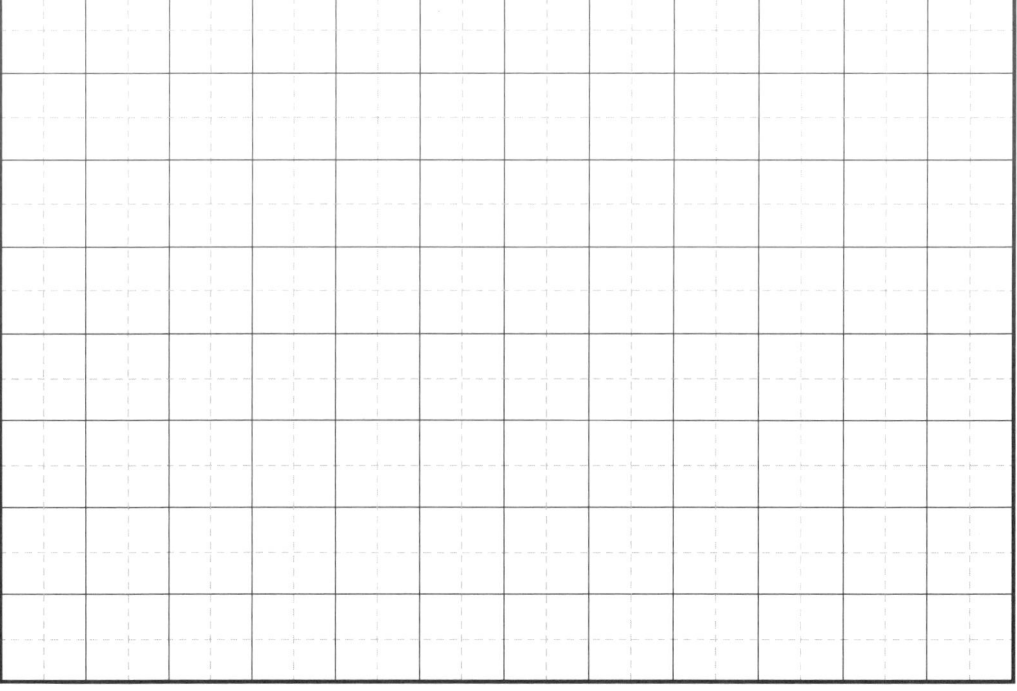

제20편

堯曰
요왈

堯曰 咨라 爾舜아 天之歷數在爾躬하니
요왈 자 이순 천지력수재이궁
允執其中하라 四海困窮하면 天祿永終하리라
윤집기중   사해곤궁   천록영종
舜이 亦以命禹하시니라
순   역이명우

요임금이 말하였다.
"아! 순아! 하늘의 정해진 뜻이 네게 있으니 진실로 중용의 도를 지키도록 하라. 온 세상의 백성들이 곤궁하면 하늘이 너에게 내리는 복록도 영원히 끊어질 것이다."
순임금도 역시 우임금에게 명하였다.

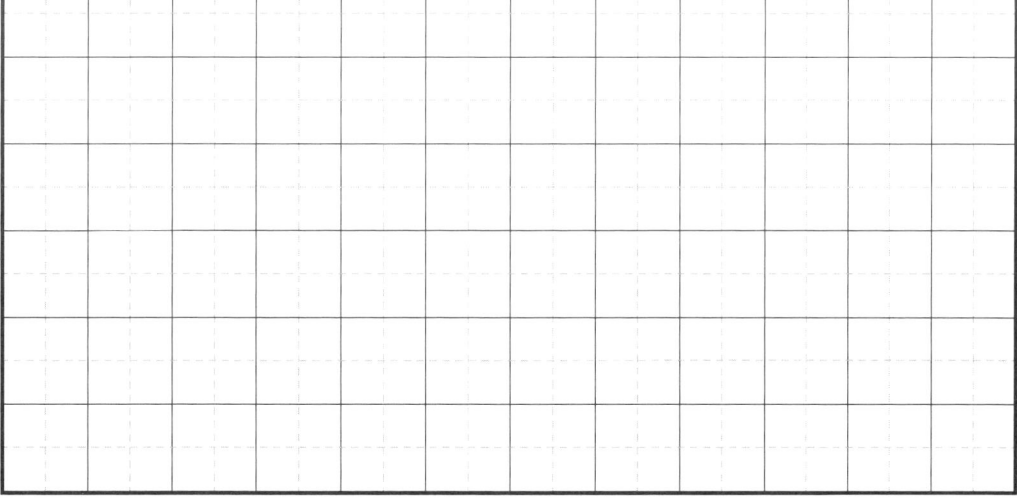

曰 予小子履는 敢用玄牡하여
왈 여소자리 감용현모

敢昭告于皇皇后帝하노니 有罪를 不敢赦하며
감소고우황황후제 유죄 불감사

帝臣不蔽니 簡在帝心이니이다 朕躬有罪는
제신불폐 간재제심 짐궁유죄

無以萬方이오 萬方有罪는 罪在朕躬하니라
무이만방 만방유죄 죄재짐궁

周有大賚하니 善人이 是富하니라
주유대뢰 선인 시부

雖有周親이나 不如仁人이요 百姓有過在予一人이니라
수유주친 불여인인 백성유과재여일인

"소자 리는 감히 검은 황소를 제물로 바치며 위대하신 천자께 아뢰옵니다. 죄가 있는 자를 함부로 용서할 수 없으며, 천제의 신하 중 어진 이를 버려둘 수 없으나, 그들을 가려냄은 오로지 천제의 뜻에 달려 있습니다. 제 몸에 죄가 있다면 그것은 세상의 백성들과는 상관이 없으나, 세상의 백성들에게 죄가 있다면 그 죄는 저에게 있습니다."
주나라에서 크게 은혜가 베풀어져 착한 사람들이 부자가 되었다.
"비록 주나라와 친분이 있다 해도 어진 사람만은 못하고 백성에게 허물이 있다면 그 책임은 나 한 사람에게 있는 것입니다."

謹權量하며 審法度하며 修廢官하신대
근권량   심법도   수폐관

四方之政行焉하니라 興滅國하며 繼絶世하며
사방지정행언   흥멸국   계절세

擧逸民하신대 天下之民歸心焉하니라
거일민   천하지민귀심언

所重은 民食喪祭러시다
소중   민식상제

寬則得衆하고 信則民任焉하고
관즉득중   신즉민임언

民則有功하고 公則說이니라
민즉유공   공즉열

무왕은 도량형을 통일하고, 법률을 정비하였으며, 폐지했던 관직과 제도를 검토하고 고쳐 나가니 사방의 정사가 잘 시행되었으며, 멸망했던 나라들을 부흥시켜주고 끊어진 대를 다시 이어주었으며, 초야에 묻힌 숨은 인재들을 찾아내 기용하였으므로 천하의 민심이 그에게로 돌아갔다. 그가 소중하게 여긴 것은 백성과 식량과 상사와 제사였다. 관대하게 대하면 백성의 지지를 얻게 되고, 신의가 있으면 백성들이 믿고 따르게 되며, 행동이 민첩하면 공을 세우게 되고, 공평하면 백성들이 기뻐하게 된다.

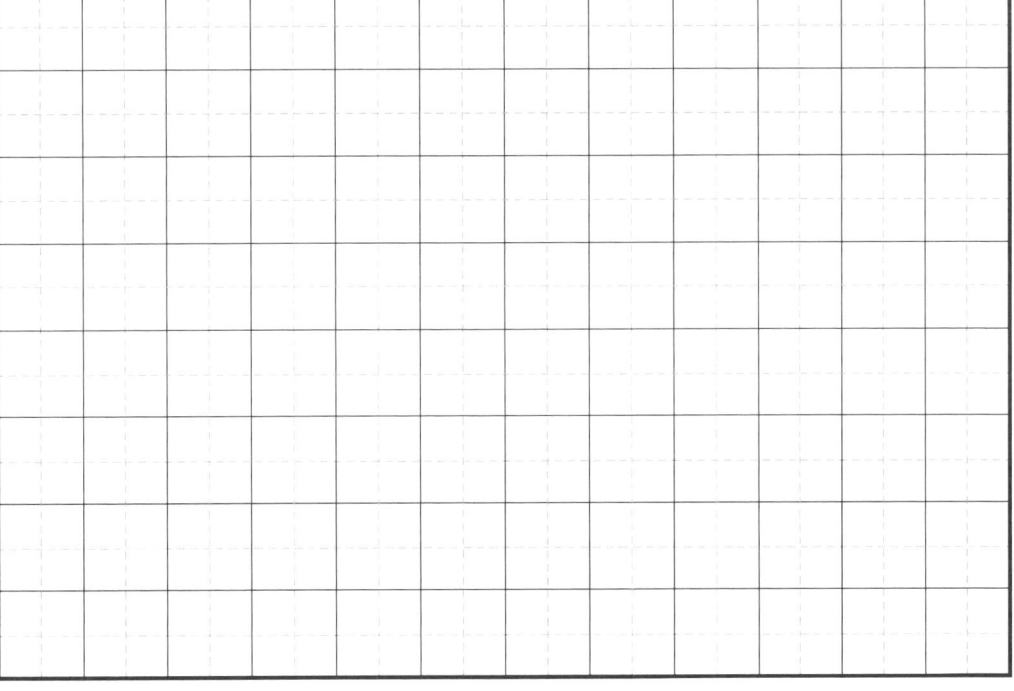

子張이 問於孔子曰 何如라야
자장 문어공자왈 하여
斯可以從政矣니잇고 子曰 尊五美하며
사가이종정의   자왈 존오미
屛四惡이면 斯可以從政矣리라
병사악   사가이종정의
子張曰 何謂五美니잇고
자장왈 하위오미
子曰 君子惠而不費하며 勞而不怨하며
자왈 군자혜이불비   노이불원
欲而不貪하며 泰而不驕하며 威而不猛이니라
욕이불탐   태이불교   위이불맹

자장이 공자에게 물었다.
"어떻게 하면 바른 정치에 종사할 수 있습니까?"
공자께서 말씀하셨다.
"다섯 가지의 미덕을 존중하고, 네 가지 악덕을 물리치면 바른 정치에 종사할 수 있다."
자장이 물었다.
"무엇을 다섯 가지 미덕이라고 합니까?"
공자께서 말씀하셨다.
"군자는 백성들에게 은혜를 베풀면서도 낭비하지 않고, 수고롭게 일을 시키면서도 원망을 사지 않으며, 뜻을 이루고자 하면서도 탐욕을 부리지 않고, 넉넉하면서도 교만하지 않으며, 위엄이 있으면서도 사납지 않은 것이다."

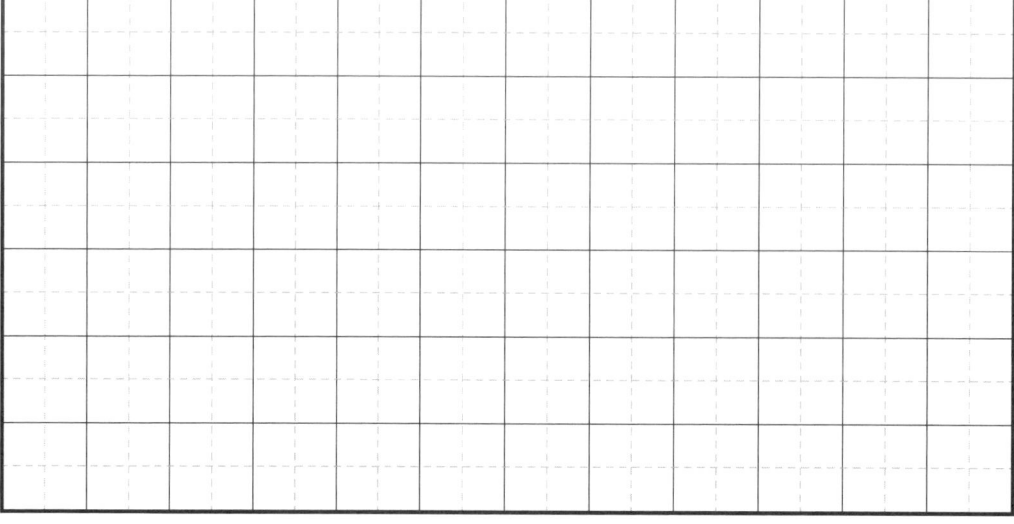

子張曰 何謂惠而不費니잇고
자장왈 하위혜이불비

子曰 因民之所利而利之니
자왈 인민지소리이리지

斯不亦惠而不費乎아 擇可勞而勞之어니
사불역혜이불비호 택가노이노지

又誰怨이리오 欲仁而得仁이어니 又焉貪이리오
우수원 욕인이득인 우언탐

君子無衆寡하며 無小大히
군자무중과 무소대

無敢慢하나니 斯不亦泰而不驕乎아
무감만 사불역태이불교호

자장이 물었다.
"무엇이 은혜를 베풀되 낭비하지 않는 것입니까?"
공자께서 말씀하셨다.
"백성들에게 이롭다고 여기는 바대로 해줌으로써 그들을 이롭게 한다면, 이것이 곧 은혜를 베풀되 낭비하지 않는 것 아니냐? 또한 시킬 만한 일을 택하여 시킨다면 누가 원망하겠느냐? 그리고 인을 실현하고자 하여 인을 이룬다면 그 이상 무엇을 더 바라겠느냐? 군자가 사람이 많든 적든, 또한 권세가 크든 작든 감히 소홀히 하지 않는다면, 이것이 곧 넉넉하되 교만하지 않은 것이 아니겠느냐?

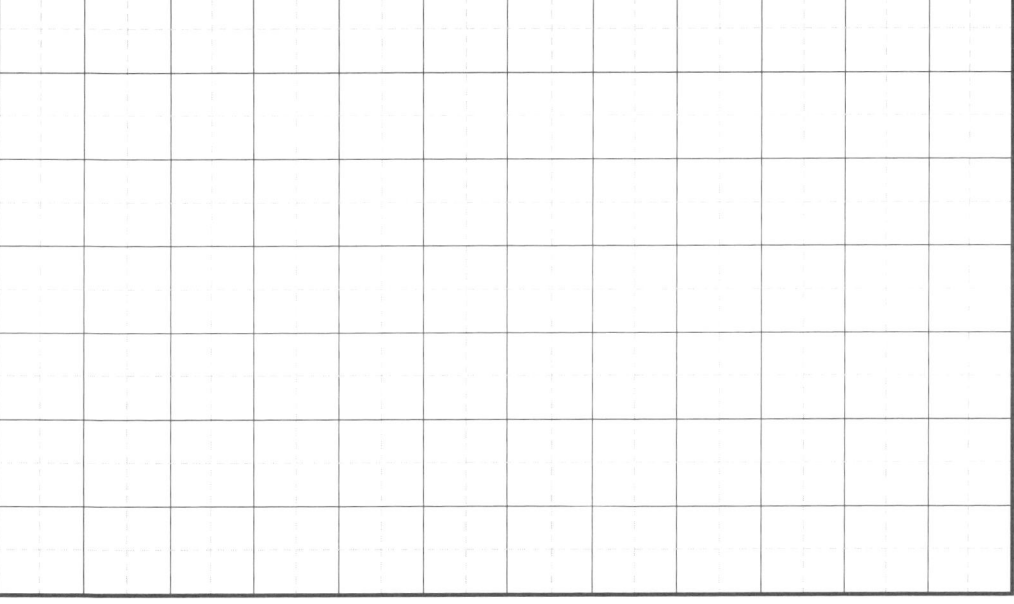

君子는 正其衣冠하며 尊其瞻視하여
군자   정기의관   존기첨시

儼然人望而畏之하나니 斯不亦威而不猛乎아
엄연인망이외지   사불역위이불맹호

子張曰 何謂四惡이닛고 子曰 不教而殺을
자장왈 하위사악   자왈 불교이살

謂之虐이요 不戒視成을 謂之暴요
위지학   불계시성   위지포

慢令致期를 謂之賊이요 猶之與人也로되
만령치기   위지적   유지여인야

出納之吝을 謂之有司니라
출납지린   위지유사

군자가 의관을 바르게 하고 태도를 위엄 있게 하여 사람들이 그를 어려워한다면, 이것이 곧 위엄은 있으되 사납지 않은 것이 아니겠느냐?"
자장이 또 물었다.
"그러면 무엇을 네 가지 악덕이라고 합니까?"
공자께서 말씀하셨다.
"백성을 가르치지 않고서 잘못했다고 죽이는 것을 잔학하다 하고, 미리 주의를 주지 않고 결과만 보고 판단하는 것을 난폭하다고 하며, 명령은 느슨하게 해놓고 갑자기 기일을 정하여 재촉하는 것을 일을 그르치는 짓이라 하고, 어차피 사람들에게 골고루 나눠줄 것이면서 출납에 인색한 것을 옹졸한 벼슬아치라 한다."

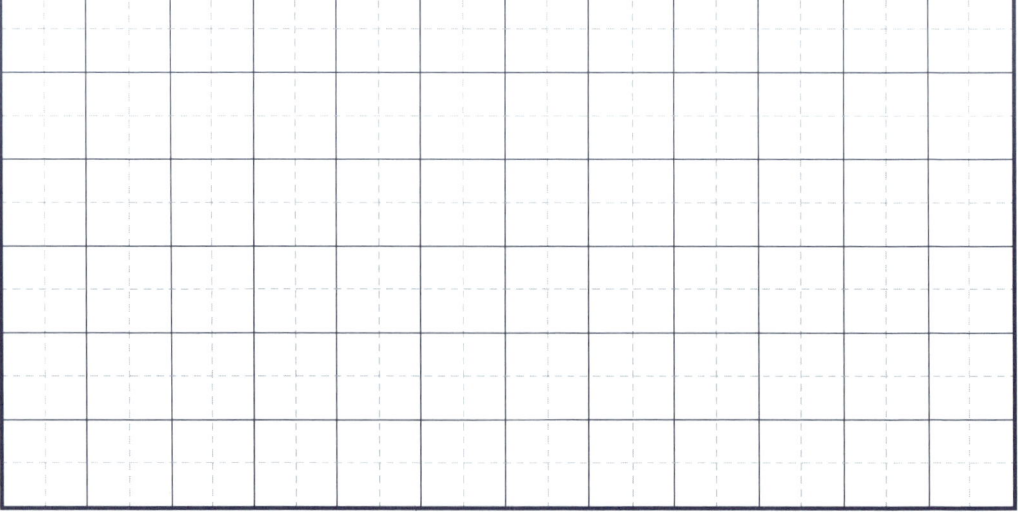

子曰 不知命이면 無以爲君子也요
자왈 부지명   무이위군자야

不知禮면 無以立也요
부지례   무이입야

不知言이면 無以知人也니라
부지언   무이지인야

공자께서 말씀하셨다.
"천명을 알지 못하면 군자가 될 수 없고, 예를 알지 못하면 남 앞에 나설 수 없으며, 말을 알지 못하면 사람을 알 수 없다."

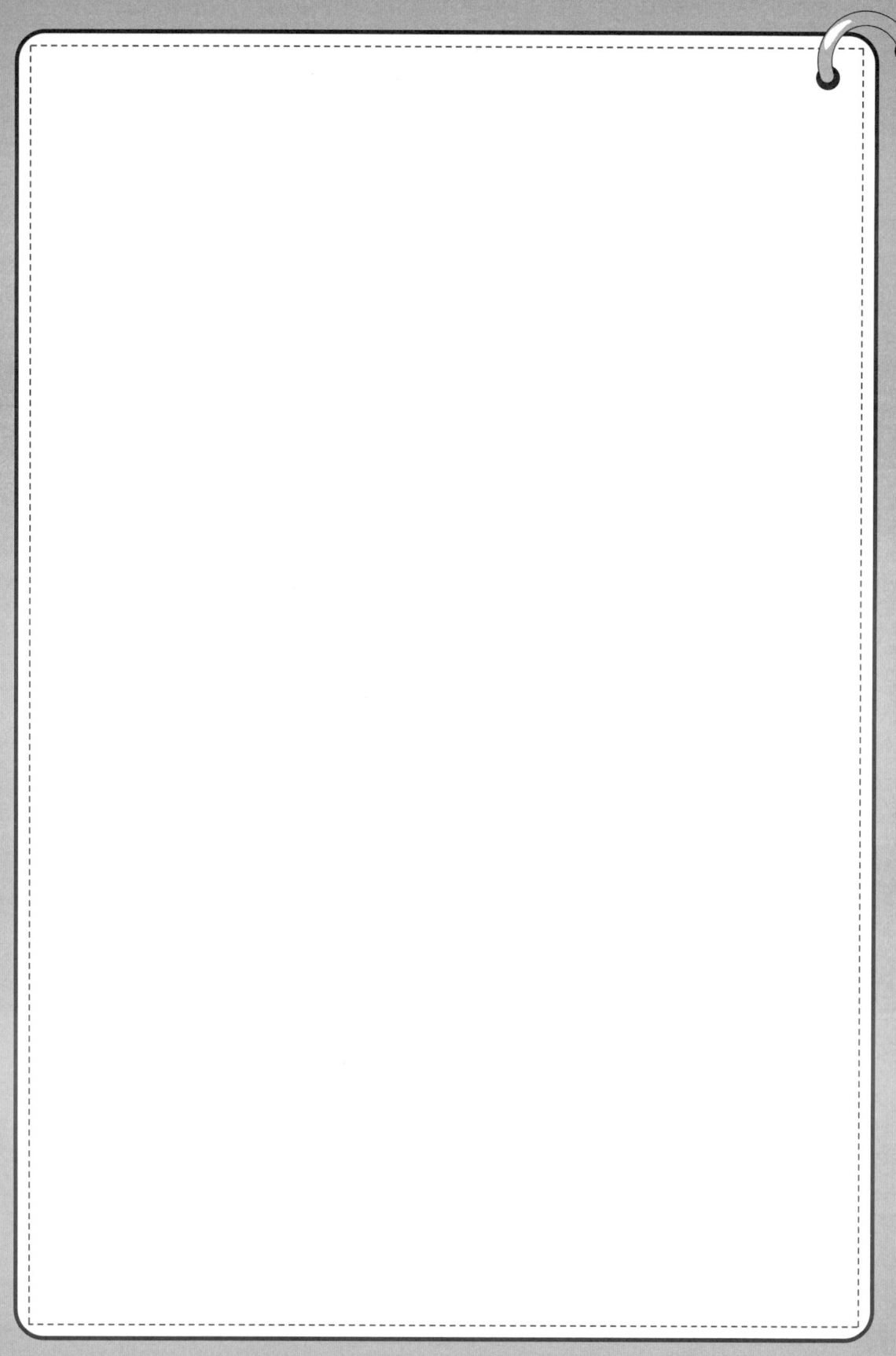